수도원의 역사

차례
Contents

수도자, 신성에 참여하고 싶었던 사람들

어떤 유명한 철학자는 "인간은 고독이 두려워서 사회를 만들고, 죽음이 두려워서 신을 만들었다"면서 사회나 신이 별것 아니라고 주장했지만, 사람들은 도무지 사회나 신을 포기할 생각이 없는 것 같다. 소위 '똑똑해져서' 과학적이고 확실한 지식만이 판단의 근거와 잣대가 되는 오늘날에도, 사람들이 신에 대해서 포기할 생각이 없는 것을 보면 그저 이상할 따름이다. 위의 철학자의 말처럼 죽음이 두려워서인가?

사람들이 신을 포기할 수 없는 가장 큰 이유는 자신들이 얼마나 약한 존재인지를 알기 때문이다. 또, 이것이 자신을 괴롭히는 불안의 근본적 원인이라는 사실을 알기 때문이다. 이것은 능력을 판단 기준으로 하든 도덕이나 지식을 기준으로 하든 마찬가지이다. 제아무리 훌륭한 사람들도 자신은 완전하고 완벽하다고 자신 있게 주장할 수는 없다. 인간에게 겸손이 미덕인 이유는 바로 이것 때문이다. 인간들 스스로는 자신이 얼마나 불안정하고, 부족하고 모자라는 존재인지를 본능적으로 알고 있는 것이다. 이 모자람을 채우기 위해 사람들은 부단히 노력한다. 스스로에게 자신은 부족한 존재가 아니라고 세뇌를 시켜서라도……. 하지만 그것이 성공하는 경우는 드물다. 자신의 마음이, 속해서 살아가고 있는 세상이, 자신이 처한 현실이 이것을 받아들여 주지 않기 때문이다.

그래서 그들은 신을 찾는다. 절대자를 믿고, 따른다. 신의 존재를 인정하지 않는 사람들이 보기에는 어리석고 바보 같아 보여도, 그들은 신의 보호와 신앙의 은혜 아래서 평안과 안식을 누린다. 그리고는 진정한 평안과 안식을 누리기 위해서는 신을 믿어야만 한다고 말한다. 인간이 가진 부족함과 모자람에서 나오는 본능적 불안감은 절대자를 믿음으로써만 해소될 수 있다고 말한다. 이 믿음을 가지고 그들은 삶을 살아갈 힘을 얻는다. 또한 지혜도 얻고, 양심을 지켜 나갈 힘도 얻으며, 불의와 타협하지 않을 용기도 얻는다. 이런 까닭으로 그들은 세상과 일정한 긴장관계를 유지하면서 살아가기도 한다.

이렇게 세상과 긴장관계를 유지하면서 살아가는 사람들 중에는 아예 세상을 포기하고, 절대자가 주는 평안에만 취해서 살아가고자 하는 사람들이 있다. 절대자인 하나님의 마음과 의지를 일부 넘겨받아서 그 마음과 의지로 세상을 살아가고 싶어 하고, 그렇게 사려고 노력하는 사람들이 있다. 이들은 어느 날 갑자기 절대자 하나님의 심오한 실재를 깨달아서 그런 선택을 할 수도 있다. 또는 어느 날 자신이 가진 모든 것을 버리고, 하나님을 소유하는 것만이 진정으로 행복한 삶을 사는 길이라고 판단해서일 수도 있다. 혹시 자신이 평생을 걸고 추구해 왔던 것들이 얼마나 무의미한 것인지를 갑자기 깨달으면서, 자신의 모든 것을 포기하고 하나님을 통해서 전적으로 새로운 삶을 추구하기 위해서일 수도 있다. 그것도 아니라면 아무리 잡으려 해도 잡히지 않는 진정한 평화와 안식의 실체를 잡으려는 시도일 수도 있다. 이렇게 해서 절대자 하나님이 가진 진정한 평안과 안식에 들어가고자 하는 사람들, 자기 자신의 인생을 포함해서 세상의 모든 것을 포기하고 신적인 질서에 들어가고자 했고, 오늘도 그렇게 하고 있는 사람들, 그것을 위해서 필사의 노력을 하는 사람들을 우리는 수도자라고 부른다. 그리고 이런 사람들이 모여 사는 곳, 신성에 참여하기 위해 노력하는 곳, 신의 평안을 누리면서도 참여의 노력이 주는 고통에 아파하며 신음하는 곳, 이곳이 바로 수도원이다.

수도원의 처음, 빛은 동방에서

 수도자들은 그리스도를 위해 자신의 생을 포기하는 사람들이 어떻게 이웃과 세상을 위한 삶을 살 수 있는지를 몸으로 보여주었다. 때로는 금욕으로, 때로는 희생으로, 때로는 가난으로, 그들은 신앙을 가진 사람들의 본모습을 나타내 보여주었다. 이들은 어떻게 해서 생겨났을까?

 이 질문에 대한 가장 보편적인 대답은 신앙은 신앙을 가진 사람들에게 일정한 자기 포기와 세상과의 일정한 거리를 요구하기 때문이라는 것이다. 일반적으로 대부분의 종교는 절대자인 신과 초월적 세계를 인정하고 받아들인다. 그리고 이 세상은 그 초월적 세계를 위한 준비 또는 훈련 과정으로 이해한다. 그래서 이 세상을 중심 가치로 놓고 살아가는 가치관이나 삶의 방식에서 벗어날 것을 요구한다. 이것은 그렇다고 억지로 한다거나 내세를 위해서 현재의 삶을 희생한다는 방식으로 이해해서는 안 된다. 세상에서 주장하는 것들을 벗어나 일정한 거리를 두었을 때 찾아오는 정신적 만족감과 평안은 세상에 매달려 살 때에는 도저히 맛볼 수 없는 것이기 때문이다. 신앙을 가진 사람들은 이렇게 세상과 일정 부분 거리를 두어야 하는데, 수도자는 세상을 아예 버린 사람들, 세상을 아예 떠난 사람들이다. 그리고 이런 수도자들이 함께 모여 살며, 제도화된 것이 수도원이다.

수도원의 성서적 배경

기독교 수도원이나 수도자가 나타난 것은 물론 기독교만의 독특한 배경을 갖는다. 이해를 돕기 위해서 기독교 일반에 대한 간략한 설명부터 시작해 보자.

기독교의 원줄기는 유대교이다. 유대교는 이스라엘의 민족 종교이다. 유대교의 경전이자 기독교의 경전이기도 한 구약성서에 의하면 세상과 사람의 시작은 야훼 하나님이라는 신에 의해서이다. 이 야훼 하나님은 영원 전부터, 또 앞으로도 영원토록 거기에 그렇게 계신다. 이 하나님은 이스라엘 민족을 자신의 백성으로 선택했고, 이들에게 자신이 누구이고, 무엇을 원하는지를 알려주었다. 그리고 이 나라와 이 백성의 역사를 통해서 사람이 야훼 하나님의 뜻을 따르고, 그 뜻에 맞게 사는 것이 가장 행복하게 사는 길이라는 것을 가르쳤다. 하지만 이 야훼 하나님의 백성인 이스라엘 민족은 그것을 올바로 해내지 못했다. 그들은 야훼의 명령인 율법을 지키지도 않았고, 마음을 깨끗하게 하고 하나님 앞에 서는 것을 즐거워하지도 않았던 것이다. 그 결과는 국가적 불행으로 나타났다. 국가가 이스라엘과 유대라는 두 나라로 갈라지고, 각 나라들은 시간적 차이가 있을 뿐 모두 강대국에 의해 망하고 말았다(주전 587년). 이렇게 망한 이후, 이 하나님의 백성은 예언자를 통해 알려준 것인, "구원자 메시아를 통해서 하나님의 선택받은 이 백성을 구원해 주겠다"는 약속을 믿고, 그를 기다리고 있다. 이것이 구약성서의 내용이다.

하지만 신약성서에 따르면 이스라엘 민족, 즉 유대인들은 정작 메시아 예수 그리스도가 왔을 때 그리고 그 자신이 메시아라고 선포했을 때, 그를 받아들이지 않았다. 그들은 하나님의 뜻을 이스라엘이라는 특정한 민족과 국가에 묶어 놓았고, 그래서 그들은 구원이라는 단어를 민족이나 국가의 독립으로 이해했다. 구체적으로는 로마제국으로부터 그들을 독립시켜줄 영웅 메시아를 기다렸던 것이다. 하지만 예수 그리스도는 이들의 기대와는 달리 철저하게 절대자 하나님 앞에 선 개인을 가르쳤다. 그는 인간이 자기 자신의 마음속을 들여다보고, 자신이 그리고 인간이 얼마나 탐욕스럽고 부끄러운 존재인지를 깨달아 알아야 한다고 가르친다. 그래서 그들이 스스로 죄인임을 깨닫고 하나님께 다시 돌아오기를 권한다. 그는 죄인임을 고백하고 하나님께 다시 돌아오는 징표로 강물 속에 들어가서 죄를 씻는 의식인 세례를 권한다. 그는 국가와 민족, 특정한 교리에 매인 유대교적 하나님을 인간의 하나님, 인간의 고통과 아픔을 알고 그것을 근본적으로 해결해 주는 그런 하나님으로 가르쳤던 것이다. 유대인들의 권력자들은 이 예수를 용납하지 못했다. 그들은 하나님을 믿는 사람들이었고, 누구보다도 간절한 마음으로 메시아를 기다리던 사람들이었지만, 예수를 받아들일 수 없었다. 이 예수는 그들이 기대하는 메시아─로마제국으로부터 그들을 독립시키고, 이스라엘을 위대한 나라로 변모시킬 구원자─가 아니었기 때문이다. 결국 그들은 자칭 메시아 예수를 죽이려는 음모를 꾸몄다. 당시 (로마의 속국이어서) 사람을 사형시킬 권한이 없었던 그들은 예수에게 반란을 주도한 혐의를 씌워 로마제국에 고발함으로써 십자가에서 죽도록 했다.

하지만 예수에게는 이런 십자가의 죽음 역시 인간이 하나님의 뜻을 따라 살려면 자신을 죽여야만 한다는 신앙적 표지였다. 자신의 세계, 자신만의 삶, 자신만의 가치관에 빠져서 신을 거부하는 사람들에게 그것을 포기하고 죽어야만, 즉 자신의 모든 것을 버려야만 하나님을 받아들일 수 있고, 그의 뜻을 따라 살 수 있다는 참된 신앙의 모습을 죽음을 통해서 보여준 것이었다. 하나님의 뜻에 따라 예수는 죽은 지 삼 일 만에 다시 살아났고, 자신을 따르던 제자들에게 자신이 이 땅에서 가르친 것들, 삶과 죽음을 통해 가르친 것들을 세상 모든 사람에게 전하고 알려줄 것을 부탁하고, 하늘로 승천했다. 승천하면서 그는 또한 그 모습 그대로 이 땅에 다시 오실 것을, 그 때는 실패자의 모습이 아니라, 하나님이 이 세상의 주인이라는 사실을 올바르게 선포할 영원한 승리자의 모습으로 다시 오실 것을 약속했다.

남겨진 제자들은 예수의 명령을 따라, 그의 삶과 가르침을 이 세상에 전하는 데 자신들의 삶을 바쳤다. 예수를 통해서 새로운 삶을 얻었고, 그의 부활을 통해서 하나님을 믿고 따르는 사람들에게 영원한 삶이 약속되어 있다는 증거를 가졌기 때문에, 그들에게는 두려움도 없었고, 어떤 어려움도 방해가 되지 못했다. 그의 제자들 대부분은 자신의 목숨을 내어 놓고 예수의 복음을 전했다. 이 복음을 믿는 사람들이 많아지면서, 이들이 하나의 조직체, 제도화된 기관으로 발전했고, 역사적으로 기독교라는 종교가 만들어졌다. 이것이 신약성서의 내용이다. 전해 오는 바에 의하면 이 제자들 대부분은 기독교를 전하다가 순교했다고 한다.

제자들의 이러한 삶, 또 그들에 의해 기독교 신앙을 알고 믿게 된 사람들은 그들만의 독특한 모습을 가지게 되었다. 이 것은 예수가 이미 가르치고 자신의 삶으로 보여주었던 것으로, 이 세상을 극복의 대상으로 삼는다는 것이었다. 그들은 이 세상에 살지만, 스스로 이 세상에 속한 사람들이 아니라는 자기 인식을 갖고 있었다. 예수는 스스로 이렇게 말하고 있다.

예수께서 대답하시되 내 나라는 이 세상에 속한 것이 아니라 만일 내 나라가 이 세상에 속한 것이었더면 내 종들이 싸워 나로 유대인들에게 넘기우지 않게 하였으리라 이제 내 나라는 여기에 속한 것이 아니니라.(「요한복음」 18 : 36)

예수를 따르는 사람들, 그가 원하는 삶을 살길 원하는 사람들은 이 세상에 대해 더 이상의 미련과 관심을 갖지 않아야 했다. 그들의 관심은 예수의 가르침을 따라 살며 다가올 미래, 다음 생을 준비하는 것에 있었던 것이다. 또한 그들은 예수의 가르침을 사람들에게 전했으며, 이런 활동을 통하여 이 세상에서 제도화된 기관으로 나타난 것이 교회이고, 기독교이다.

결국 이 세상에 남은 사람들에게 가장 중요한 과제는 내세를 위한 준비였다. 그들은 더 이상 이 세상에 관심을 갖지 않았고 영원한 하나님의 나라를 준비하는 삶을 살고자 했다. 예수가 이 세상에 다시 왔을 때 그의 제자로 받아들여지고, 영원한 나라에 함께 있기를 소망했기 때문이다. 이들은 이 준비를 위해 어떤 삶을 살아야 할지를 고민했다. 그들의 결론은 예수를 따라서 사는 삶이었다. 이것은 보통 '그리스도를 본받음'이라는 뜻의 라틴어 경구 '이미타치오 크리스티(Imitatio Christi)'로 요약되는데, 후대에 만들어진 말이지만 수도자나 올바른 기독교 신앙인을 가장 잘 요약한 말로 전해져 내려온다. 이런 삶은 물론 예수 또는 제자들의 삶을 그대로 모방해서 산다는 말이다. 제자들의 삶을 따르는 삶 또한 '사도적 삶'이라는 뜻의 '비타

아포스톨리(Vita Apostoli)'로 요약되어, 수도자의 삶을 나타내는 또 다른 경구가 된다. 이런 삶은 이 땅에서 예수가 살았던 삶의 모습과 제자들이 살았던 모습을 그대로 따라 하면서 생겨났다. 예수는 이 땅에 살면서 결혼을 하지 않았고, 특정한 거처가 없이 방랑생활을 했다. 또한 돈이 많고 부유한 청년에게는 모든 것을 버리고 자신을 따를 것을 명령하고 있다. 한편 제자들 역시 주를 위해서 모든 것을 버린 사람들이었다.(「마태복음」 19 : 27) 예수는 또 사람들에게 어렵고 힘들어도 자기의 삶을 일정 부분 포기하고 희생해야 한다는 의미로 각자가 자신의 십자가를 지고 예수를 따를 것을 명하고 있기도 하다.(「마태복음」 10 : 38 ; 「마태복음」 16 : 24 ; 「마가복음」 8 : 34 ; 「누가복음」 14 : 27) 성서의 이런 가르침은 초기 기독교인들이 영원한 나라를 얻기 위해 택한 삶의 모습이 어떤 것이어야 하는가에 대한 해답을 제공한 셈이다.

이것은 흔히 역사적으로 초기 기독교인들이 강력한 종말론적 삶을 살았다고 설명되는 배경이다. (자신을 잃어버리고 세상에 패배하는 것이 아니라) 그리스도가 부활을 통해서 세상에 속한 가장 큰 권력인 죽음을 이긴 것처럼, 그들 역시 세상의 유혹과 박해를 이기고 하나님이 원하는 모습으로 살기를 원했던 것이다. 그것은 곧 세상의 것들을 전부 또는 일정 부분 포기하는 '금욕적 삶'으로 나타난다. 이 금욕적 삶의 모습이 바로 수도원 제도가 만들어지는 바탕이다.

금욕에서 수도원으로

금욕의 삶이 수도원 제도로 발전해 가는 과정은 꽤 오랜 기간 동안 몇 가지 단계를 거치면서 이루어진다. 금욕적 삶이 구체적인 모습으로 형상화되어 나타난 것이 초기 기독교(2~3세기경)에 발견되는 독신주의자들과 방랑사도들이다. 그런데 이러한 모습들은 교회가 제도화되어 가면서 교회 내에서 독특한 모습으로 나타난다. 이 모습들은 보통 독신주의, 음식이나 옷 등의 삶에서 필수적인 것을 최소한으로 하는 금욕의 형태, 또는 좀 특별한 금욕의 모습인 순교 등으로 나타났다. 이 모습들은 흔히 거룩한 생활, 경건의 생활, 하나님의 뜻에 순종하는 생활 등으로 정리되는데, 이것은 포괄적 의미의 순교로 요약할 수 있다. 원래 죽음으로 자신의 신앙이 옳음을 증거해 보인다는 뜻을 가진 순교는 세속의 권력이 기독교인들을 박해하는 과정에서 나타난 현상이다. 순교자들은 글자 그대로 내세의 행복과 영광을 위해 이 땅에서 하나밖에 없는 생명을 버린 사람들인 것이다. 하지만 이 순교의 개념은 점차 폭넓게 해석되어, (신앙을 위해서 자신의 삶을 죽은 것으로 여기고 하나님께 완전히 드렸다는 뜻의) 세상에 대해 죽은 자, 세상적인 것에 더 이상 관심을 갖지 않는 삶까지를 포괄하게 되었다. 즉, 금욕적 삶은 순교의 독특한 형태로 이해되었고, 동시에 진실한 신앙인으로 살아간다는 증거가 되었던 것이다.

이렇게 금욕의 삶을 사는 사람들은 하나님께 자신을 완전히 드리기를 원했다. 자신의 육체가 원하는 것보다는 하나님이 원하는 것을 하고자 했기 때문에, 그들은 하루 종일 성경을 읽고 기도하며 명상하기를 원했다. 그들은 이 세상에서 인간이 가진 본성을 넘어, 인간이 사는 삶의 습관을 근본적으로 바꾸고, 하늘로부터의 위로를 받고 살기를 원했던 것이다.(유세비우스) 또, 이것은 참되고 영원한 삶을 얻기 위해 반드시 필요한 것이기도 했다.

금욕가들에게 세상은 너무 번거로운 장소였다. 그들은 가정은 물론 교회도 때로는 그들의 영적인 삶, 신의 뜻을 알기 위해 명상하는 삶에 방해가 된다는 것을 깨달았다. 그것은 그들이 금욕의 삶을 산다고 하더라도, 소위 시민으로서의 의무를 피해갈 수는 없었기 때문이다. 그들 역시 세금을 내야 했고, 전쟁 시에 군인으로 징발되어야 했으며, 국가가 필요한 경우 부역의 의무도 져야 함과 동시에, 교회에서 일어나는 여러 가지 일들이나 그들이 속해 있는 가정에서의 일을 피해 갈 수 없었다.

따라서 그들이 취할 수 있는 가장 좋은 방안은 이런 세상을 등지고 떠나, 홀로 은둔하는 삶을 살면서 금욕의 이상(理想)을 따르는 것이었다. 이런 삶의 모습은 당시 사람들에게 이미 낯설지 않은 생활 형태였다. 당시 그리스의 문화적 전통에 의하면, 이것은 이미 견유(犬儒)학파라고 알려진 철학의 한 분파가 갖고 있던 삶의 모습이었고, 세례 요한이 죄를 회개하고 하나님 앞에서 옳은 삶을 살기 위해 광야로 나가 메뚜기와 돌꿀을

먹으며 살았던 모습이기도 했다. 구체적으로 누구에 의해서, 또 언제부터인지는 모르지만 3세기를 전후해서 이집트와 소아시아, 또 팔레스타인과 시리아 지역에서 보통의 인간이 사는 모습을 포기하고 성경 묵상, 기도와 명상을 위해서 광야로 나가는 사람들이 생겨났고, 점차 확산되었다. 그리고 이렇게 개인적으로 광야로 나가서 은둔적 삶, 금욕적 삶을 살았던 것이 기독교 최초의 광야 금욕이고, 이것이 발전해서 기독교 내에 수용되고 제도적으로 형상화된 것이 수도원이다.

동방교회에서 시작된 수도원

위에서 살펴본 것처럼 수도원의 처음 시작은 금욕과 은둔의 삶이다. 이런 기독교적 금욕의 삶은 기독교의 자생적 삶의 형태가 아니라 헬라문화의 금욕 전통에서 배워 온 것이다. 이것은 기독교 금욕에서 사용되는 그리스어를 통해서 추적해 보면 쉽게 드러난다. 우리말로 금욕이라고 번역되는 그리스어는 아스케시스(ασκησις)로, 연습이나 훈련을 뜻한다. 이 단어는 원래 손으로 무엇을 만들어 완성한다거나, 완전하고 모범적인 인간이 되기 위해서 하는 운동이나 훈련을 의미했다. 그러나 점차로 어떤 이상에 도달한 인간이 되기 위해 하는 모든 노력을 지칭하는 단어가 되었다. 그리스의 문화적 배경상 이 단어는 일차적으로 '미덕 훈련'의 의미로 사용되었으나, 그리스 철학자들에 의해 육체를 떠나 영혼이 완전한 자유를 누리는 인간이 되기 위한 노력이라는 종교적 의미를 갖게 되었다. 이것을 위해 음식을 제한한다거나, 무소유로 산다거나, 본능을 억제한다는 등의 구체적 방편이 나타났다. 구체적 방편은 두 가지로 요약된다. 하나는 역시 금욕이라고 번역될 수 있는 그리스어 아나호레인($\alpha\nu\alpha\chi\omega\rho\epsilon\iota\nu$)이다. 이것의 원 뜻은 도피 혹은 거부이며, 가족관계나 인간관계 또는 인간적 욕구를 끊는 것을 말한다. 또 다른 하나는 은둔이라고 번역되는 그리스어 에레미아($\epsilon\rho\eta\mu\iota\alpha$)로, 문명화된 삶의 방식을 벗어나서 홀로 살아가는 것을 말한다. 이것은 플라톤이나 스토아학파, 후기 유대 묵시사상 등에서 흔하게 발견되는 방식으로, 기독교가 로마제국 내에서 세력을 얻기 이전에 이미 하나의 전통으로 확립되어 있었다. 더구나 이런 금욕의 전통은 참된 종교의 특징으로까지 인식되고 있었다. 위에서 이미 살펴본 것처럼 기독교 역시 이런 금욕 이상(理想)을 받아들일 수 있는 충분한 토양을 가지고 있었기 때문에, 기독교 금욕자들이 자연스럽게 나타났던 것이다. 즉, 2~3세기에 기독교가 그리스-로마 문화권에서 주요한 종교 세력으로 등장하면서 기독교 금욕 이상이 헬라의 전통적 금욕 형태를 자연스럽게 받아들였고, 그래서 나타난 것이 기독교 금욕자들인 것이다. 헬라식 금욕 전통을 기독교 금욕 방식으로 설명한다면 아마도 기독교 금욕의 삶은 영원한 생명을 얻기 위한 조건인 하나님이 원하는 완전한 삶을 완성하기 위해 가족이나 인간관계를 끊고(아나호레인), 또 세상의 모든 문화적인 것과 단절(에레미아)하고, 참회와 회개 그리고 기도와 명상을 통해 하나님을 추구하는 훈련(아스케시스)이라고 할 수 있을 것이다.

이런 삶을 받아들인 기독교 금욕자들은 그 형식과 외양은 헬라 전통에서 이어받고 있었지만, 그 내적인 의미는 기독교적으로 이해하고 해석하고자 했다. 이러한 기독교적 이해를 잘 보여주는 것이 기독교적인 금욕의 삶을 나타내는 새로운 용어들이다. 누구에 의해서 시작되었는지는 알 수 없지만 기독교 수도자는 그리스어의 혼자라는 뜻, 또는 보통 사람들과는 전혀 다른 독특한 삶을 사는 사람이라는 뜻의 모나코스(μοναχος)라고 불렸고, 이러한 삶의 방식이 서방에 전해지면서 이 단어의 라틴어 표기인 모나쿠스(monachus)가 기독교 수도자라는 뜻으로 자리잡게 되었다. 이 단어에서 수도원 모나스테리움(라틴어 : monasterium, 영어 : monastery, 독일어 : mönchtum)이 파생되었다. 보통 수도원 건물을 의미하는 단어인 클라우스트룸(라틴어 : claustrum, 영어 : cloister, 독일어 : kloster)은 라틴어 클라우데레(claudere)에서 직접 파생된 단어로, 폐쇄된 공간, 단절된 장소를 지칭하며, 일반적으로 신앙적 동기로 함께 모여 사는 장소라는 의미로 사용된다. 똑같이 수도원을 의미하는 단어지만 모나스테리움은 그리스어에서 전이되어 라틴 기독교에 자리잡은 것이고, 클라우스트룸은 수도적 삶의 의미를 받아들여 서방 기독교가 직접 만들어낸 용어임을 알 수가 있다.

그렇다고 기독교 수도원이 가지는 금욕적 삶의 양태가 헬라 금욕 전통의 단순한 모방이라고 이해해서는 안 된다. 유대교 전통의 쿰란(Qumran) 공동체나 에세네파(Essenes)에서 볼 수 있듯, 유대교를 비롯한 고대의 종교들 대부분이 금욕의 전통을 갖고 있었고, 원시 기독교 역시 금욕의 이상을 갖고 있었다. 이 이상은 헬라의 금욕 전통과 만나면서 구체적인 형태를 갖추게 된 것으로 이해해야 할 것이다.

어쨌든 어원을 통한 고찰에서 본 것처럼 기독교 수도원은 처음에는 그리스어를 사용하는 헬라 문화 공간에서 시작되었고, 이것이 서방세계, 즉 라틴어를 사용하는 문화 공간으로 옮겨갔다. 실제로 기독교 내에서 이런 은둔적 또는 수도원적 삶이 나타난 것은 3세기경으로, 이집트에서 처음 시작되어 소아시아와 시리아 지역에서도 나타난 것으로 알려져 있다.

수도자(원)의 첫 모습들

수도자적 삶의 모습이 처음으로 나타난 곳은 이집트로 알려져 있다. 그러나 이것은 기록상 그렇고 실제로는 오히려 팔레스타인이나 시리아 지역에서 먼저 시작되었을 가능성이 더 크다. 어쨌든 각 지역들은 그리스도를 위해 세상에서의 삶을 포기한 사람들의 다양한 모습을 보여준다. 그 중에서도 이집트에서 나타난 수도자들은 수도원 역사에서 특히 중요하다. 그 이유는 이집트에서 나타난 수도자의 삶의 형태가 은둔자적 형태와 공동체적 형태라는 수도원의 전통적 형태를 고스란히 보여주어, 후대에 기독교 수도자나 수도원의 전형을 만들어내고 있기 때문이다. 이집트와 기타 지역들에서 나타났던 수도자들의 모습들을 살펴보자.

이집트에서 광야로 나가 기독교적 금욕 이상을 실천하며 은둔자로 산 것으로 알려진 최초의 인물은 이집트인인 안토니우스(Antonius, ?~356)이다. 이 은둔 금욕가는 삼위일체 교리로 유명한 신학자인 아타나시우스가 쓴 전기인 『안토니우스의 생애 *Vita Antonii*』를 통해서 알려지게 되었는데, 이 책을 통해서 우리는 초기의 은둔 금욕가들의 모습을 알 수 있다. 이들은 보통 천막이나 직접 지은 오두막 또는 무너진 성채나 버려진 무덤, 동굴 같은 데서 살았으며, 그들의 하루 일과 중에서 가장 중요한 부분을 차지하는 것은 역시 기도와 명상이었다. 그들은 육체노동도 의무로 여겼고, 보통 광주리나 밧줄, 담요 같은 것을 만드는 일을 했다. 노동은 '일하지 않는 자는 먹지도 말라'는 성서의 가르침을 따르는 수단인 동시에, 삶을 위한 최소한의 것을 얻는 수단이자 구제하기 위한 수단으로 사용되었다.

금욕 수도자는 홀로 은둔생활을 하는 것이지만 금욕자가 되려는 사람은 보통 이미 명망을 얻고 있는 은둔 수도자에게 찾아가 그에게 지도를 받았으며, 자유롭게 다른 수도자를 찾아갈 수 있었다(금욕수도자가 되기를 원하는 사람은 명망 있는 수도자를 찾아가 "스승이여, 생명을 구원할 말씀을 들려주십시오"라는 말로 그 배움을 시작했다). 안토니우스가 광야 금욕 수도자의 삶을 시작했을 때 역시 이런 방식을 취하고 있는데, 이

때에 이미 많은 수의 광야 금욕자가 있었던 것으로 보인다. 이 중 명망 있는 수도자는 자연스럽게 광야 금욕자들의 정신적 구심점을 이루었다. 이렇게 스승이 되는 수도자들의 말은 참 생명을 주는 말로 받아들여졌으며, 이들에게 가르침을 받는 자들은 스승 수도자의 영적인 자녀로 여겨졌기 때문에, 스승은 아랍어로 아버지를 뜻하는 압바(abba), 여자 스승은 암마(amma)라고 부르게 되었다. 이 말은 나중에 수도원장을 뜻하는 용어가 된다. 또, 이 스승들이 가르치는 말들이 묶여서 처음에는 구전으로, 나중에는 기록으로 전해지게 되는데, 이것이 발전해서 수도원 규범이 만들어지게 된다.

이집트에서 금욕자들이 모여 살던 대표적인 지역은 나일강 삼각주 지역의 북서쪽인 스케티스(Sketis), 니트리아(Nitria), 켈리아(Kellia), 또 북 이집트의 테바이스(Thebais) 등이었다.

이런 개인적 금욕의 형태는 한 장소에 많은 수도자들이 모여서 한 사람의 지도 하에 공동체로서 단일화된 수도생활을 하는 형태로 발전하게 된다. 이런 형태는 4세기경, 기록상으로는 은둔 수도자적 삶의 형태와 비슷한 시기에 나타나는데, 이렇게 공동체적 수도원 생활 형태를 처음으로 시작한 사람은 역시 이집트 수도자인 파코미우스(Phachomius, ?~347)이다. 원래 은둔 수도자 출신이었던 그는 처음에는 은둔 금욕자의 삶을 살았으나 금욕자들을 조직화하는 재능을 보였다. 원래 그가 사람들을 모아서 조직체로 만든 이유는 봉사하기 위해서였다. 광야 금욕자들이나 은둔 수도자들에게 방문객이 많이 찾아와 상담을 요청하는 경우가 많았으므로, 성숙한 인격과 상담에 응할 만한 식견을 가진 수도자를 필요로 했던 것이다.

그는 320~325년경 이집트의 척박한 지역인 타베네제 (Tabennese) 지역에 첫 기독교 수도원을 세웠다. 이때 그는 신약성서 4장에 나타나는 예루살렘 원시 공동체를 이상적인 모델로 생각했던 것으로 보인다. 그는 수도자는 한 마음, 한 영혼이어야 하며 생활에는 최소한의 것을 공동으로 사용하며 살아야 한다고 생각했다(공동 거주, 공동 노동과 공동 기도, 식사와 삶, 또 의복에서의 단순 소박함, 문서로 규정된 공동체적 규범에 따른 생활, 상급자에 대한 순종). 그가 제정한 규칙에는 순종이 강조되어 있어서 모든 수도자는 상위자에게 순종해야 하며, 상위자나 원장은 또한 그 지역의 주교에게 순종하는 것을 엄격하게 규정하고 있다. 파코미우스 역시 노동을 수도자의 필수 요소로 정해 놓고 있는데, 노동을 통해 생긴 생산물은 자신들이 필요한 최소의 것을 제외하고는 가난한 자들에게 나누어 주었다.

곧이어 그를 모방한 많은 수도원이 세워졌고, 공동체 생활은 수도자의 필수 요소가 되었으며, 수도자가 되기 위해서 수도원에 들어가는 것이 당연시되었다. 이로써 수도자들이 광야에서 은둔자나 금욕 수도자로서 추구하는 이상이 수도원이라는 공간에서 이루어질 수 있게 되었다.

파코미우스가 만들어낸, 공동체에서 규범을 따르는 수도자 생활방식은 갑바도기아의 주교이자 교부였던 가이사랴의 바실리우스(Basilius von Caesrea, c. 329~379)가 이 방식을 근거로

『수도규칙』을 저술함으로 신학적으로 정리되었다. 그는 노동과 공동체 생활이 완전한 기독교인이 되는 최선의 길이라고 생각했기 때문에 개인 금욕보다는 공동생활을 더 강조했다. 그는 수도자란 함께 살고, 함께 먹고, 함께 일하고, 함께 예배드리며, 소박하고 순결하게 온전한 삶을 사는 자들이라고 정리했다. 이것으로 바실리우스는 특별히 동방교회 수도원과 수도자의 삶의 모습에 대한 신학적 스승이 되었다.

예루살렘을 포함한 팔레스타인 지역, 시리아 지역에도 은둔 수도자나 공동생활 수도원이 형성되었다. 이곳에 수도원이 생긴 것은 이집트에서와 마찬가지로 4세기경으로 추정되는데, 은둔 수도자 단체와 공동체 수도원이 혼재해 있던 것으로 보인다. 예루살렘 지역의 대표적인 수도원은 예루살렘 북부 바란 지역에 세워진 라우라(Laura)라고 불리는 수도원으로, 공동체 전체를 위한 건물 및 방과 함께, 은둔 수도자들을 위한 천막과 동굴도 가지고 있는 형태였다. 라우라 수도원의 생활방식은 5~6세기에 팔레스타인 전체로 퍼져 나갔는데, 갑바도기아에서 온 사바(Saba, ?~532)가 469년부터 사해 근방에서 은둔자로 살면서 몇 개의 라우라를 세웠다. 그는 483년에 예루살렘 남동쪽 은둔자 동굴에 대 라우라를 세웠는데, 동방교회의 유명한 신학자이자 시인, 또 설교자로 이름 높은 다메섹의 요한(Johannes von Damaskus)이 임종을 맞이한 곳이기도 하다. 이 라우라는 현재까지 남아 있다.

시리아 지역의 수도원 형태는 좀 특별하다. 시리아 지역은 특별히 참회가 강조되었다. 이는 기묘한 형태의 금욕으로 나타나서, 쇠사슬에 묶여서 지내기도 했고, 야생으로 살면서 밤의 추위와 낮의 더위 또는 해충이나 자연의 위협에 몸을 맡기고 살기도 했다. 재미있는 형태 중 하나는 역사적으로 주상(柱上) 금욕으로 알려진, 높은 기둥을 세우고 그 위에서 생활하는 방식의 수도생활이다. 이런 주상 금욕자로 시므온(Symeon, 389/90~459)이 널리 알려졌는데, 그는 412년에 은둔 금욕생활을 시작했다가 10년이 지난 후에 3m 높이의 기둥 위에서 수도했고, 나중에서는 20m 높이의 기둥 위에서 생활했다고 한다. 이런 기묘한 형태의 금욕은 동방교회의 다른 지역에도 전해져 어떤 주상 금욕자는 사제 서품을 기둥 위에서 받기도 했다. 이런 주상 금욕자들은 사람들에게 숭배의 대상이 되어 많은 사람들이 순례자로서 방문하기도 했다.

비잔틴, 즉 소아시아 지역의 금욕자들이나 수도원들은 이미 언급한 가이사랴의 바실리우스가 중요한 영향을 미쳤다. 그는 수도사의 삶을 배우려고 시리아, 팔레스타인, 이집트 등을 여행했으며, 배운 것들을 바탕으로 독자적인 수도자 프로그램을 만들었고, 수도원 규칙을 제정했다. 그는 하나님께서는 인간을 홀로 있는 존재가 아니라 함께 살아가는 존재로 창조했다는 주장을 하며, 수도자 생활의 핵심을 공동생활에다 두어서 후대에 수도원적 삶이 공동체적 삶으로 규정되는 데 결정적 역할을 했다. 그에게서 발견되는 특별한 요소는 수도원을 광야나 황량한 곳이 아닌 도시 한복판에 세웠다는 것이다. 담으로 둘러싸이긴 했지만 도시 속에 만들어진 인공 광야로서의 수도원은 후대 수도원 발전에 중요한 계기를 마련한다. 세상과 단절하기 위한 열망을 가지고 광야로 나가던 열정이 이제는 세상 속에서 세상을 포기하는 훈련으로 바뀌게 되었던 것이다. 이런 바탕 위에서 바실리우스는 수도원을 교회와 같은 것으로 규정하고, 도시에 세워진 수도원들이 사회 구제 기관과 교육 기관으로서의 역할을 하도록 했다. 그의 사상은 동방교회 수도원의 모범이 되었고, 그 결과 그의 수도원 공동체는 동방교회 수도원의 전형이 되었으며, 그에게는 동방교회 수도원의 아버지라는 칭호가 붙어 있다.

비잔틴 지역에서 가장 유명한 수도원은 집정관 출신의 스투디오스(Studios)가 463년에 세운 스투디우(Studiu) 수도원이다. 이 수도원은 탁월한 원장인 테오도르(Theodors Studites, 759~826)의 지도 하에 798년부터 비잔틴 수도원의 중심으로 발전했다. 그는 바실리우스의 전통을 그대로 이어받아서, 원장의 엄격한 영적 지도, 기도와 명상의 적절한 조화, 육체적 노동과 금욕의 적절한 조화를 이룩해 놓았다. 테오도르의 이 전통은 후대에 그리스 지역의 대표적 수도원인 아토스(Athos) 수도원에서 거의 그대로 물려받게 된다.

새로운 대륙에 전해지다

서방교회에 전해진 수도원

동방교회에서 나름의 독특한 문화로 자리잡은 수도원은 서방교회로 전해졌고, 역시 고유한 신앙 기관으로 자리잡으면서 서방교회사에 특별한 족적을 남기게 된다. 특별히 476년 서로마제국이 멸망한 후, 새로운 권력으로 등장한 프랑크 왕국(오늘날 서유럽 지역)에서의 역할은 특별한 의미를 갖는다. 수도원은 야만족인 게르만인들에게 기독교 신앙을 전하고 가르치는 역할뿐 아니라, 로마제국의 기독교를 매개로 전해진 그리스-로마 문명과 문화를 유럽에 심는 데 결정적 공헌을 하기 때문이다. 수도원은 서방에서 문화를 보존하는 자와 전승하는 자로서, 서방의 역사를 그리스-로마 사상과 연결된 기독교 문화로 만드는 창구 역할을 했던 것이다.

로마, 이탈리아

동방교회에서 기독교의 제도적 기관으로 발전한 수도원과 금욕적 삶의 방식은 여러 경로를 거쳐 서방 기독교에 소개된다. 이 과정에서 중요한 역할을 한 사람들로는 알렉산드리아의 주교이자 삼위일체 논쟁으로 유명한 아타나시우스(Athanasius), 제롬(Hieronymus), 요한 카시아누스(Johannes Cassianus, 360?~432/35)가 있다. 아타나시우스는 개인 금욕적 수도방식을, 제롬과 카시아누스는 공동생활과 규칙을 따르는 생활방식을 서방에 전달했다. 그 결과 4~7세기에 30여 종류의 수도원 규칙이 서방에 소개되었고, 이 규칙들을 바탕으로 6~7세기에 서방 수도원의 아버지로 불리는 누르시아의 베네딕트(Benedikt von Nursia)가 독자적 규칙을 만들어, 이것이 후대에 서방교회의 수도원을 대표하는 규칙으로 자리잡게 된다.

서방 라틴 지역에 은둔이나 금욕의 수도 형태가 알려진 것은 4세기경으로, 이것은 역설적이게도 그리스도의 신성을 놓고 벌어진 삼위일체 논쟁 때문에 유배를 당해 서방에 가 있던 아타나시우스에 의해서이다. 그가 쓴 『안토니우스의 생애』는 동·서방교회에 큰 반향을 불러일으켰고, 이렇게 영향을 받은 인물 중에는 서방교회 신학의 거성인 히포의 어거스틴(Augustinus von Hippo, 354~430)과 성서 번역으로 유명한 장로 제롬

(Hieronymus, 340/50~420)이 있다. 어거스틴은 자신의 저서인 『고백록』에서 안토니우스에 대해 처음 들었던 장면을 묘사해 놓고 있다. 어느 날 어거스틴의 친구 폰티아누스가 찾아와서, 그에게 자신이 만났던 한 젊은이의 이야기를 들려주었다. 황제의 특사였던 이 젊은이가 어느 기독교인이 건네준 『안토니우스의 생애』를 읽고 감동을 받고, 또 너무나 부끄럽고 너무나 신성을 사모한 나머지, 황제의 특사라는 자신의 일도 내버리고 약혼 계획도 취소한 채 수도생활로 전향했다는 이야기였다. 아직 세례받기 전이었던 어거스틴도 이 이야기에 감동을 받고, 수도자적인 금욕생활로 뛰어들었다.

이런 방식으로 서방에 알려진 금욕적 수도자의 삶은 주교나 영적 지도자, 또는 신학자들이나 남녀 평신도들이 함께 모여서 수도자의 이상을 따르는 삶을 살도록 하는 계기가 되었다. 4~5세기에 서방에 나타났던 금욕적 수도자의 모습은 이탈리아의 로마, 베르첼리, 밀라노와 지금의 프랑스인 갈리아 지역, 또 조금 후대인 6세기에는 영국의 스코틀랜드까지 확대되었다. 초기에 수도자 이상을 받아들이고, 이것이 서방교회에서 자리잡는 데 중요한 역할을 한 사람들로는 주교 베르첼리의 유세비우스(Eusebius von Vercelli, †371), 마일란드의 암브로시우스(Ambrosius von Mailand, †397), 갈리아에 살았던 투르의 마틴(Martin von Tours, †431) 그리고 놀라의 파울리누스(Paulinus von Nola, †431) 등을 꼽을 수 있다.

이탈리아의 로마에 세워졌던 금욕적 수도 공동체에 중요한 역할을 한 사람은 제롬이다. 그는 382년에서 384년까지 삼 년 동안 로마에 머무르게 되었는데, 이때 만난 아벤틴의 부유한 과부인 마르셀라를 도와 이 집을 금욕적 공동체로 만들게 된다. 이들은 함께 살면서 금욕적이며 영적인 생활을 하는데, 제롬은 이들에게 성경을 가르쳐서 수도원 전통과 신학이 서로 연결되는 고리를 만든다. 제롬이 떠난 후 마르셀라는 공동체를 시골로 옮겨 여성들만의 금욕 공동체로 만들고, 로마 지역에 금욕 공동체가 만들어지는 데 선구적 역할을 한다.

한편 이탈리아의 베르첼리에서는 주교 유세비우스가 성직자들을 모아 공동생활을 하면서 금욕의 삶을 실천했다. 이것이 역사적으로 처음 나타난 성직자 수도원이다. 그 외 암브로시우스의 영향 하에 세워진 금욕 수도원들이 있고, 시칠리아 섬에도 역시 수도원이 세워졌다.

갈리아, 스페인

로마와 이탈리아 지역에 수도원이 세워지자, 로마의 영향이 미치고 있던 갈리아와 스페인 지역 그리고 아일랜드(즉, 영국)까지 금욕적 수도 방식이 전파되었다. 그것도 아주 짧은 시간에 오늘날의 유럽 지역에 퍼져 나간 것으로 보이는데, 이렇게 된 이유는 로마가 수도원 이상을 동방교회에서 배워 온 이유와 동일하다. 당시의 로마 귀족들은 문화적으로 월등하게 앞선 동로마의 모든 것을 따라 하는 경향이 강했고, 이것이 로마와 이탈리아 지역에 금욕적 수도원 이상이 뿌리내리게 된 배경이 되었다. 특히 수도원 생활은 로마의 귀족계급이 전통적으로 선호하던 목가적 생활방식과 상당히 유사했기 때문에 로마 귀족계급이 수도원 생활을 쉽게 받아들일 수 있었다.

스페인이나 갈리아 지역의 기독교인들은 로마 귀족들이 동방교회를 배우고 싶은 만큼이나 로마를 따라 하고 싶어 했다. (무조건 모방하고 따라 한 것은 아니지만) 이는 로마가 당시 서방세계의 문화적 중심지였다는 것을 생각하면 쉽게 이해가 간다. 구체적으로 어떤 경로를 따라 세워졌는지는 모르지만 스페인에도 4세기경에 이미 금욕적 형태가 알려져 있던 것으로 보인다. 스페인 사라고사(saragossa) 종교회의(380년) 등에 나타난 기록은 이를 뒷받침하는데 스페인의 유명한 신학자이자 주교였던 프리스킬리안의 예가 그러하다. 그는 완전한 금욕을 통해서 하나님과 만날 수 있다는 주장을 하다가 마니교로 고발되어 죽음을 당했다.

갈리아 지역의 수도원도 로마나 이탈리아처럼 은퇴한 귀족계급에 의해 주도되었다. 아를의 호노라투스(Honoratus von Arles, ?~429/30)는 405~410년경 지중해 근해에 있는 섬인 레린(Lerin)에 수도원을 세움으로써, 갈리아 동남부에 수도원 문화를 세우는 데 중요한 공헌을 했다. 이곳은 귀족적 문화를 배경으로 하고 있어서 금욕 경향과 함께 학문적 경향이 결합되었기 때문에 많은 귀족들이 찾았고, 또 많은 새로운 수도원이 세워졌다. 그래서 다음 세대에 많은 수의 주교들이 이곳에서 나오게 된다. 호노라투스는 428년에 남 갈리아 지역 아를의 수석 대주교가 되었다.

이 레린 수도원은 6세기 초반에 갈리아 지역의 수도원을 대표하는 인물인 아를의 케사리우스(Caesarius von Arles, 470~542)를 길러낸다. 케사리우스는 여자 수도원을 위한 포괄적인 규칙과 수도자들을 위한 간단한 규칙을 저술하고 있는데, 여기서 그는 동방 수도원에서의 경험, 요한 카시아누스의 주장들, 또 그가 정리한 '어거스틴 규칙' 등을 참고해서 수도원을 종합적으로 정리하고 있다. 그 역시 공동생활을 강조하며, 그 근거로 어거스틴 규칙을 내세우고 있다. 그에게서는 특히 예배의 축제적 모습을 강조하고 있다는 점이 눈에 띈다.

마르세유의 수도원은 좀 특별한 경로로 세워진다. 415년 요한네스 카시아누스(Johannes Cassianus, c. 360~430/35)가 마르세유로 왔다. 그는 이스라엘의 베들레헴에서 수도자가 된 다음, 이집트 수도원에서 10년 동안 수도자 생활을 했던 사람이었다. 이 탁월한 설교 수도자는 로마를 거쳐서 마르세유에 와서 남자를 위한 수도원과 여자를 위한 수도원을 세우고, 자신이 직접 경험한 것을 가르쳤다. 특별히 그는 『수도원 제도와 주된 죄의 극복을 위한 여덟 가지』 그리고 『24교부 금언집』이라는 책을 통해서 수도원 이론을 정립했고, 그 결과 서방교회에서 최초의 탁월한 수도원 이론가가 되었다. 그는 수도원은 영적으로 지도해야 한다는 수도원 영성을 제창해서 서방교회 수도원의 아버지인 베네딕트에게 영향을 미쳤다. 또한 그는 라틴 수도원의 특징이 된 수도사들의 '성무일과(聖務日

課)', 아침저녁으로 하루에 두 번씩 함께 모여서 드리는 '공동 기도', 이때 시편을 12편씩 낭송하는 '낭송 기도' 등을 도입한 인물이기도 하다. 시편 낭송 기도는 낭송자가 시편을 한 편 낭송하면 나머지 수도자들이 앉아서 듣고, 들은 후에 그 구절을 따라 침묵하며 명상 기도를 드리고, 마지막 시편은 각 절마다 수도자들이 할렐루야로 화답하는 방식이다. 아침과 저녁 시간에 기도하는 것은 이후 서방 수도원에서 아침 찬양 기도(라우데, Laude)와 저녁 찬양 기도(베스퍼, Vesper)로 정형화되었다.

아일랜드 수도원과 베네딕트 수도원

서방교회 고유의 특징을 가진 수도원은 영국의 아일랜드에서 나타난 독특한 수도원과 이탈리아에서 시작된 베네딕트 수도원을 통해서 나타난다. 이 두 수도원 역시 완전한 서방교회의 자생적인 수도원이라고 보기는 어렵지만 서방문화와 결합되어 서방교회 특유의 수도원을 만들어낸 모태가 된 것은 분명하다. 특별히 아일랜드의 수도원은 유럽문화 발전의 기반을 구축한 카롤링거 르네상스의 배경을 제공했기 때문에, 유럽 역사에 미친 영향이 대단히 크다고 할 수 있다. 동방교회에서 전해진 기독교 수도원은 서방교회의 문화와 연합해서 독자적 모델을 만들어 가는데, 그것의 시작점은 아일랜드 수도원과 베네딕트 수도원이었다. 다시 말해 서방 수도원은 아일랜드 수도원과 베네딕트 수도원에 의해 토착화되었던 것이다.

아일랜드 수도원

아일랜드의 기독교는 성 패트릭(St. Patrick)에 의해 전해진 것으로 알려져 있다. 전해 오는 이야기에 의하면 그는 4세기 말 영국 서부에서 태어났다. 젊은 나이에 그는 침입자들에게 잡혀 아일랜드로 끌려갔고, 수년간 노예생활을 했다. 후에 그는 갈리아 지방으로 도망쳤고, 갈리아에 있는 수도원에서 수도사가 되었다. 그는 기도 중에 아일랜드에 선교하러 가라는 계시를 받고 주교가 된 후, 432년경 아일랜드로 갔다. 그의 전도는 성공적이어서 아일랜드 섬 전체가 기독교를 받아들였다.

그 후 아일랜드의 기독교는 유럽 대륙과는 전혀 다른 독특한 발전을 하게 된다. 우선 패트릭이 갈리아 지역에서 머물렀던 수도원이 이집트계의 금욕적 수도원이었기 때문에 아일랜드의 기독교가 가지는 일반적 특징은 수도원적이고 금욕적이 되었다. 이런 이유로 아일랜드에는 수도원과 교회의 차이가 없었고, 지역을 담당하는 종교 단위가 교구가 아니라 수도원이 되었다. 역사적으로 알려진 바와 같이 4~5세기는 지중해권을 지배하고 있던 로마제국이 약해진 틈을 타 게르만족의 대 침입으로 인한 전쟁이 있었다. 이로 인해 서유럽 전체가 혼란에 휩싸여 있었고, 이 게르만인들이 기독교를 받아들이면서 유럽 특유의 기독교를 발전시켰다. 반면에 섬나라 아일랜드는 이 혼란에서 자유로울 수 있었기에 아일랜드의 기독교는 유럽 대륙과 전혀 다른 기독교, 즉 수도원 중심의 독특한 기독교를 형성할 수 있었다. 여러 부족으로 나뉘어 있던 아일랜드는 대부분 부족의 족장들이 수도원을 건립했고, 족장의 직계 가문이 관장하는 부족 수도원을 가지고 있었다. 물론 주교도 임명되었지만 주교의 역할은 성찬식을 주재하는 정도에 그쳤고, 아일랜드 기독교를 실제로 다스린 것은 수도원장이었다. 그래서 아일랜드인들은 로마 교황을 로마의 수도원장이라 불렀다고 한다.

아일랜드 수도원의 수도자들은 극단적 금욕생활을 했다. 그들은 하루의 대부분을 침묵으로 보냈고, 자주 금식을 했으며, 얼음물 속에 들어가서 몇 시간씩 기도하기도 했다. 그들은 완전한 삶을 사려고 했기 때문에 작은 잘못이 있더라도 이것을 회개하는 데 많은 노력을 기울였고, 기회가 있을 때마다 자신의 잘못을 상급자에게 고백하는 전통을 만들어내었다. 이 전통은 서방교회에 전해져 고해성사로 정착되었다.

아일랜드 수도자들이 했던 고행의 특별한 형태로 방랑생활이 있다. 563년 그리스도를 위해 방랑자가 되기를 원했던 성 콜룸바(St. Columba, 521~597)는 스코틀랜드로 가서 이오나(Iona)섬에 수도원을 설립하고, 스코틀랜드 전 지역을 유랑하며 선교활동을 해서, 스코틀랜드 기독교 발전의 초석을 마련했다. 아일랜드의 또 다른 수도자인 콜룸바누스(St. Columbanus, 530?~615)는 590년 12명의 동료와 함께 유럽의 중심부인 부르군도 왕국을 방문하고, 보비오 수도원 등 여러 곳에 수도원을 설립했다. 그 후에는 이탈리아로 가서 수도원을 세우고 기독교를 전했는데, 이 수도원들은 유럽 학문의 중심지가 되었고, 또 선교의 요람이 되었다. 아일랜드의 수도자 중 대륙 선교에 탁월한 공을 세운 사람은 보니파티우스(Bonifatius)이다. 그는 8세기에, 이미 영국에 뿌리를 내리고 있던 베네딕트 수도원의 삶의 방식과 그 규칙을 들고 독일에 선교사로 가서 수도원을 세우고, 독일에 조직 교회가 세워지는 데 특별한 역할을 하게 된다.

아일랜드 수도원의 또 다른 특징은 배움의 열정이다. 이들은 완전한 기독교인이 되려면 반드시 성경과 교부들의 저작을 읽고 묵상해야 한다고 생각했기 때문에 그리스어와 라틴어 공부에 몰두할 수밖에 없었다. 신약성경은 고대 헬라어로 씌어졌고, 교부들의 저작들은 고대 그리스어와 고대 라틴어로 씌어 있었기 때문에, 이들이 가진 배움에의 열정은 고대의 순수한 그리스어와 라틴어를 복원하는 결과를 가져왔다. 또한 이런 학문적 열정은 고전을 필사하려는 노력으로 나타나서 고대 학문을 정립하는 결과도 낳게 되었다. 이런 학문적 열정은 후에 영국 전체가 문화적으로 크게 번성하는 힘으로 작용했고, 후대에 게르만족의 역사를 기독교와 관련시켜 구원사 입장에서 서술한 게르만 최초의 교회사 책인 베다 베네라빌리스(Beda Venerabilis, 674/74~375)의 『앵글족 교회사 *Historia ecclesiastica gentis Anglorum*』가 나오는 배경이 되었다.

베네딕트 수도원

서방교회 수도원의 역사는 베네딕트 수도원의 역사라는 말이 있을 만큼, 베네딕트 수도원은 서방 수도원 역사의 중심을 차지하고 있다. 이렇게 된 이유는 중세를 지나면서 베네딕트 수도규칙이 서방의 모든 수도규칙의 표준이 되었기 때문이다. 서구 수도원 역사에서 아주 특별한 위치를 차지하는 것이 수도규칙이다. 법이나 규범을 중시하는 서구 사람들의 사고방식 때문인지, 아니면 규칙을 준수하다 보니 이런 사고방식이 생긴 것인지는 알 수 없지만, 서구 수도원에서 수도규칙에 대한 존중은 특별하다. 이는 서방에서 발전한 기독교가 성경의 절대 권위를 강조하는 것, 동방에서 발전한 불교가 경전에 대해 상대적으로 유연한 태도를 보이는 것과 비교된다. 법과 규범을 중시하는 그들의 사고방식은 수도원 역사에서도 그대로 나타나서, 베네딕트 수도규칙이 서방 수도원의 대표 규칙으로 공포되었고, 베네딕트 수도원의 역사는 곧 서방 수도원의 역사라는 말이 일반화되었다.

베네딕트 수도원의 창시자이자 이 수도규칙의 저자는 누르시아의 베네딕트(Benedikt von Nursia, 480?~547?)라는 이탈리아 사람이다. 그의 생애는 가톨릭 교회의 교황제도를 확립한 최고의 교황으로 추앙받고 있는 교황 그레고리 1세(Gregor I, 590~604)가 쓴 전기를 통해서 잘 알려져 있다. 그는 젊은 나이에 로마로 공부하러 갔으나 곧 공부를 중단하고 로마 근처에 있는 험한 골짜기 속의 동굴에 살면서 은둔과 금욕의 생활을 시작했다. 그레고리 교황의 전기에 의하면 그는 "공부를 중단하고 집과 재산을 다 버리고, 오직 하나님만 섬기려는 마음으로 자신의 거룩한 목적을 달성할 만한 곳을 찾아 떠났다."

그는 마음을 비우기 위해서 많은 고행을 했고, 마음의 탐심을 물리치기 위해 벌거벗은 몸으로 가시와 찔레밭에서 딩구는 고행으로 마음을 다스려 나갔다. 삼 년의 고행 후 그는 다른 금욕자들을 돕기 위해서 근교 수도원에 들어갔지만 그의 엄격함을 싫어한 수도자들 때문에 거기서 나와 독자적으로 수도원을 세웠다. 이것이 529년에 몬테카시노(Monte Cassino)에 세워진 베네딕트 수도원이다. 이곳에서 수도원장으로 수도 금욕자들을 돕던 베네딕트는 당시까지 전해 오던 규칙들을 참고하고, 특별히 당시에 알려져 있는 '스승의 규칙(Regula Magisteri)'을 토대로 하여 베네딕트 수도규칙을 만들어냈다.

규칙은 73장으로 이루어졌는데, 서론에서 그는 수도생활을 "온전한 마음으로 하나님을 추구하는 생활"로 정의 내리고 있다. 또, 수도원의 조직은 원장을 중심으로 이루어지고, 수도사가 되기 위해서는 규율 준수, 가난, 순결(독신), 순종을 서약해야 하며, 수도자가 된 사람들은 기도와 명상 외에도 육체노동과 공부를 할 것, 또 재산은 공유하고 공동생활을 해야 하며, 최소의 것으로 검소하게 살아야 할 것을 제시하고 있다.

베네딕트가 만든 규칙이 당시 수도원의 유일한 규범은 아니었다. 베네딕트 수도규칙이 주로 '스승의 규칙'이라고 알려진 규칙을 참고해서 만들어졌지만, 파코미우스나 어거스틴 수도규칙도 참고로 한 것이 분명하다. 또, 그의 규칙에서 바실리우스나 요한 카시아누스의 저서 또는 사막교부들의 저서까지 읽으라는 권고가 나오는 것을 보면 당시에 다른 여러 규칙들이 전해지고 있었다는 사실을 알 수 있다.

이 시대, 즉 6세기에는 베네딕트 규칙 외에도 몇몇 규칙이 만들어졌다. 이것은 서방의 수도원 발전과 관련한 중요한 사실을 알려준다. 그것은 당시의 수도자들이 수도자 생활의 모범적 형태, 즉 수도자적 삶을 정형화하려는 노력을 시작하였다는 것이다. 이는 수도원이나 수도자의 삶이 서방교회에 보편화되어 가면서 점차 수도자적 삶의 모범을 찾으려는 노력이 나타났다는 것을 의미한다. 이것은 전통적으로 내려오는 수도자의 모습과 질서들에서 공통적인 요소를 찾아내고 이를 자신들의 구체적인 현실에 적용시키려는 노력인 동시에, 수도자의 모습을 정형화시키려는 노력이기도 하다. 이것을 보면 3~4세기에 서방에 전해진 수도원과 수도자적 삶의 모습이 삼사백 년이 지나면서는 점차 서방의 독자적 제도로 자리잡아 갔음을 알 수 있다.

이러한 노력들은 7세기에 들어서면서 혼합 규칙 시대를 만들어냈다. 각 수도원에서 원장이나 지도적 위치에 있는 수도자들은 전해져 오는 규칙들을 대본으로 하고, 현실적 필요에 따라 적당한 수도규칙들을 직접 작성했는데, 서구 수도원 역사에서 이 시기를 특별히 '혼합 규칙 시대'라고 부른다. 새로운 규칙의 작성은 특별히 갈리아 지역에서 많이 이루어졌는데, 이렇게 만들어진 규칙은 약 30개 정도가 되는 것으로 알려져 있다. 규칙을 만들 때 대본으로 가장 빈번하게 이용된 규칙은 아일랜드 출신으로 보비오 수도원을 세운 콜롬바누스가 쓴 콜룸반 규칙과 베네딕트 규칙이었다.

　이제 유럽 전역에 수도원이 많이 세워졌고, 이에 따라 수도 규칙들이 전해지고, 새로운 규칙들도 씌어졌다. 베네딕트 수도규칙도 이렇게 전해진 규칙들 중 하나였다. 베네딕트 규칙은 원래 이탈리아의 몬테카시노에서 만들어졌으나, 이곳이 랑고바르드족의 침입으로 파괴되어버리자 수도자들이 로마로 피신하면서 규칙도 가져갔고, 당시의 로마 교황이었던 펠라기우스 2세(Pelagius II, 579~590)가 로마의 한 수도원에 이 피난 수도자들을 위한 피신처를 제공해 주면서 로마에 알려졌다. 그 다음 교황인 그레고리 1세(Gregor I, 590~604)는 베네딕트의 전기를 쓸 만큼 베네딕트와 그의 수도규칙에 대해 잘 알고 있었지만 이 규칙을 특별히 중시한 것으로 보이지는 않는다. '혼합 규칙 시대'라는 말이 의미하는 것처럼 단지 많은 규칙 중 하나로 알려져 있던 것이다.

　7세기 말경, 베네딕트 규칙은 프랑스(갈리아) 지역 수도원에서 수도자 생활을 했던 수도자들에 의해 영국에 전해졌다. 이 규칙은 영국에 전해지자마자 단시간에 영국 수도원 전체를 석권했다. 664년 휘트비(Whitby) 종교회의를 통해서 로마교회 전통을 따르기로 결정한 이후, 영국에서는 이 나라에 선교사를 보냈던 교황 그레고리 1세가 특별한 존경을 받았다. 로마식이라는 말은 곧 기독교의 정통 방식이라고 이해되었고, 영국의 모든 수도원들이 로마의 수도규칙, 즉 베네딕트 규칙을 따르게 되었다. 또한 이미 언급한 것처럼 영국의 수도원들은 유럽 특히 독일에 선교사를 보내서 수도원을 건립했는데, 이 때 적용한 수도규칙은 당연히 베네딕트 규칙이었고, 독일 지역에 베네딕트 규칙이 전파되는 데 중요한 역할을 했다.

프랑스 지역에서도 영국과 비슷한 과정을 거쳐 베네딕트 규칙이 대표성을 가진 규칙으로 자리잡아 가게 된다. 이 과정에서 베네딕트 규칙이 '로마의 수도규칙'으로 알려졌으며, 이러한 현상은 로마제국의 수도원들이 이를 따르고 있었음을 드러내고 있다. 이 규칙은 7세기 후반 이후에 더욱 확산되어 대표성을 부여받아 영국과 프랑스(갈리아) 지역에서 로마 수도원을 대표하는 수도규칙이 되었고, 실제로 신성로마제국에서 '로마의 수도규칙'이 되는 결과로 이어졌다.

이러한 과정을 겪어 로마의 수도규칙으로 성장한 베네딕트 수도규칙은 마침내 프랑크 왕국에 의해 공식적으로 공인된 수도규칙으로 인정받게 되는데, 이는 프랑크 왕국의 정치적 상황과도 직접적인 연관이 있다. 프랑크 왕국은 정복전쟁을 통하여 영토를 넓혀가고 있었고, 정복된 야만족들을 기독교로 개종시키는 것이 국가적인 과제였다. 그들을 기독교로 개종시키는 것은 소위 국가 통합 차원에서 반드시 필요한 일이었다. 이 일을 자연스럽게 수도원과 수도자들이 맡게 된다. 서방 수도자나 수도원의 특징 중 하나인 선교가 처음 시작된 배경이기도 한 이것은, 서방 수도원의 질적인 변화라고 불러도 좋을 것이다. 동방 수도원의 영향을 받은 전통적인 수도원들은 보통 세상으로부터의 도피(fuga mundi)를 특징으로 하는데, 선교에 참여하는 것은 수도원이 세상 속으로 참여하는 것을 말하기 때문이다. 성직자와 수도자들은 정부의 지원 하에 새로 정복된 지역에 수도원을 세우고 수도원이나 교회를 중심으로 한 도시를 건설했다. 이는 샤를마뉴 대제(Charlemagne, 768~814) 때 특별히 활성화된다. 그는 영국 수도원에서 많은 학자들을 데려와서 프랑크 왕국의 학문을 크게 발달시키는 동시에, 수도원은 물론 교회들에도 학교를 설립하게 하여 대중 교육의 물꼬를 텄다. 또한 황제는 자신의 정복 전쟁을 기독교를 전파하기 위해 하나님이 부여한 사명이라고 생각했기 때문에 당연히 정복 지역을 기독교로 개종시키려고 했고, 이때 유력한 수단으로서 정복지에 수도원을 세우고 수도사들을 통해 교화와 신앙 교육을 시켰다. 따라서 수도사들은 일종의 국가 공무원이 되었고, 이것은 국가 행정과 종교의 대표자는 황제라고 생각하는 샤를마뉴에게는 당연한 것이었다.

이러한 생각은 그가 수도원을 효율적으로 관리, 통제하기 위해서 수도규칙 역시 국가에서 관여하는 것을 당연시하는 것으로도 나타났다. 그는 (국가의 법처럼) 모든 수도원을 단일한 규칙 하에서 관리하려는 의도로 수도원의 규칙을 통일하고자 했고, 787년 베네딕트 규칙의 표본을 자신에게 가져오도록 명령했다. 이것은 마침내 샤를마뉴의 아들로, 경건한 황제로 알려진 루이(Ludwig, 814~840) 때에 가서 결실을 맺게 된다. 이 일의 실무를 담당했던 사람은 아니안의 베네딕트(Benedikt von Aniane, ?~821)였다. 그에 의해 베네딕트 수도규칙이 유럽 수도원의 단일화된 공식 규칙(una consuetudo monastica)으로 정리되었고, 816년 8월 23일 루이 황제에 의해서 제국법으로 공식 발표되었다. 마침내 베네딕트 수도규칙이 서방 수도원을 점령했던 것이다.

이렇게 해서 서구 수도원은 교회의 기관이자 국가의 한 기관으로서, 그 성격이 분명해졌다. 이것은 중세 서방교회의 특징인 세상과 교회의 연합을 압축적으로 보여주는 동시에, 수도원이 세속 기관이 되었다는 사실을 의미하는 것이다. 이제 수도원은 소위 종교적 사회 기관으로, 신앙적인 동시에 정치적 성격과 역할을 가진 기관으로 발전하게 되었다. 그리고 이런 모습은 곧 수도원의 타락으로 이어지게 된다.

수도원 개혁 운동

10세기를 전후해서 서방교회의 수도원 운동에는 중요한 변화가 나타난다. 이 시기에 수도원 이상(理想)은 더 이상 수입해 온 이상이나 제도가 아니라 내면화된 서방 특유의 이상으로 새롭게 나타나는 것이다. 이제 서방교회의 수도원은 서방교회 역사에서 독특한 모습으로 나타나고, 그들만의 영향력을 행사하며, 교회 역사의 주도권을 잡았다. 이것은 수도원의 타락을 낳게 한 원인도 되지만, 서방 특유의 수도원을 만들어내는 과정으로 볼 수도 있을 것이다.

클루니 수도원

10세기를 전후한 서방교회의 역사는 혼란으로 점철된 시기이다. 혼란의 내용은 교회권의 타락과 이종족들의 침입이다. 이것은 중세 사회를 질적으로 변모시키는 결과를 낳는다. 서방의 역사에서 중세는 대부분 전쟁이나 역병 또는 반란으로 점철되어 있다. 특히 초기, 중기, 후기에 한 기간씩 전쟁을 통해 새로운 모습으로 변모되는 특징을 갖고 있는 것이 흥미롭다. 초기에 게르만의 이동에 따른 전쟁과 혼란이 있었고, 7~8세기에는 샤를마뉴에 의해 왕국이 통일되고 안정을 찾았으나 그가 죽은 후 곧바로 바이킹, 마자르, 사라센인들이 유럽에 침입하면서 어려움을 겪게 된다. 이들의 침입과 노략은 전 유럽을 혼란에 빠뜨렸다. 이들은 교회나 수도원을 약탈의 대상으로 삼는 경우가 많았는데, 이런 상황은 교회나 수도원이 그들의 안전을 영주나 제후 등 정치 권력자들에게 의탁하도록 만들었다. 정치와 신앙이 하나였던 중세에 이런 모습은 어색하지 않았다. 하지만 정치 권력자들이 수도원에 실제적으로 개입하기 시작하자 상황은 걷잡을 수 없을 만큼 나빠졌다. 권력자들에게 수도원이 재산을 증식하는 수단이자 권력을 강화하는 수단으로 이용되었기 때문이다.

정치 권력자들에게 종교권력(?)은 상당히 매력적인 대상이었다. 그들이 보기에 그것은 반대급부 없이 절대적인 신의 이름으로 재산을 모을 수 있는 훌륭한 도구였던 것이다. 전쟁과 질병이 횡행하고, 사회적 안전망이 별로 없던 중세 시기에 사람들은 기도를 부탁하거나, 싸움에 이겨서, 또는 죽을 때 유산의 형태로 재산을 수도원에 기부하는 경우가 많았고, 특히 대형 수도원들은 막대한 영지를 갖고 있는 경우가 많았기 때문에 엄청난 부를 갖고 있었다. 이것은 약탈자들에게 좋은 먹잇감이 되는 이유이기도 했지만, 귀족이나 권력자들에게 수도원을 노릴 이유를 제공하기도 했다.

한편 수도자는 원래는 평신도였기 때문에 사제 서품을 받아야 할 의무가 없었고, 교황 등 교권 세력으로부터 상대적으로 자유로워, 원장이 된다거나 자신의 영향력을 행사할 수 있었다. 그들은 수도원 방어나 신앙을 핑계 삼아 가족이나 친지를 수도원장 자리에 앉히거나, 경우에 따라 직접 수도원을 세우기도 했다. 이런 상황은 마침내 수도원장이나 성직자의 자리를 돈으로 사고파는 '성직매매'가 일반화되는 결과를 낳을 수밖에 없었다.

이제 소위 개혁이 필요한 시기라는 것은 누구나 말할 수 있었다. 하지만 당시 교회나 정치권은 자신들에 주어진 검은 특권에 익숙해 있었기 때문에 개혁을 시도할 수 없었다. 언제나 그렇듯, 힘을 가진 집단이 스스로를 개혁하는 것은 불가능하다. (이것은 역사적으로 비판 세력이나 저항 세력이 반드시 필요한 이유도 된다.) 교회나 수도원 역시 스스로 개혁 세력을 만들어내기는 어려운 것으로 보였다. 그러나 이때 기적 같은 일이 일어났다. 908~910년 사이에 아퀴테인의 빌헬름(Wilhelm von Aquitanien) 공작이 부르군도의 클루니 지방에 있는 자신의 사낭터를 수도원 터로 제공하면서 자신과 가족을 위한 기도와 예배 외에는 아무런 조건을 달지 않았던 것이다. 그는 수도원장 선출 역시 수도자들에게 맡겼다. 이것은 당시로서는 혁명적인 것이었다. 그는 이렇게 말했다.

> 하나님에 의해, 하나님과 그의 성도들과 함께, 또 최후의 심판이라는 위협 아래 간절히 탄원합니다. 그 어느 세속 군주, 영주 혹은 주교들이라 할지라도 강제로 수도원장을 임명해서는 안 됩니다.

그리고 그는 수도원에 관한 일체를 부르노라는 이름의 수도원장에게 맡겼다. 이 수도원의 화두는 당연히 수도원 개혁이었다. 개혁을 위해서 클루니(Cluny) 수도원 수도자들은 '베네딕트 수도규칙을 글자 그대로 지키기'라는 슬로건을 내걸었고, 그 구체적인 모습은 규칙에 정해진 대로 하루 일과를 보내는 것으로 나타났다. 당시 이곳을 방문했던 사람이 남긴 글을 보면, 그들이 성령에 이끌려서 하루를 지낸다고 하면서, 그 이유는 그들이 하루 종일 예배를 드리고 있기 때문이라고 말하고 있다. 이 예배는 물론 베네딕트 규칙이 아침 찬양에서 저녁 기도까지 정해 놓은 규칙을 따른 결과였다. 이것은 외형적으로는 '예배의 회복'으로 보였고, 신앙의 경건을 잃어버렸던 당시 사람들에게 깊은 울림으로 다가왔다.

그러나 클루니의 '예배의 회복'은 단순히 베네딕트 규칙을 그대로 준수한다는 의미 이상을 내포했다. 이는 당시 귀족이나 권력자들, 또 고위 성직자들이 사유재산으로 여기던 수도원이 그 본모습을 찾기 위한 노력으로 비쳤기 때문이다. 이 흐름은 당연히 많은 수도원들이 권력자의 간섭에 저항하고자 하는 노력으로 나타났다. 저항의 방식은 개개의 수도원이 클루니 수도원 같은 유력한 개혁 수도원의 지(支)수도원이 되는 것으로 나타났다. 즉, 일종의 연합체 형태를 구성했던 것이다. 결국 이 운동은 성공을 거두어 수도원과 종교권에 대한 권력의 개입을 차단하는 결과를 만들어냈다.

이러한 클루니 수도원의 개혁 운동은 유럽 전역으로 확대되었고, 개혁이 시대적 화두가 되었다. 개혁 수도회 출신 수도자들이 고위 성직자나 교황의 자리까지 차지하게 되면서 당시의 고질적 병폐였던 성직매매와 맞서 싸웠고, 마침내 교회개혁을 이끌어냈던 것이다. 수도자 출신 중에서 교회개혁 운동을 일으킨 가장 대표적 인물이 황제 하인리히 4세(Heinrich IV, 1050~1106)와 싸워서 승리를 이끌어낸 교황 그레고리 7세로, 그는 카놋사의 굴욕(1077년)이라는 대사건을 만들어내어 중세시대 교회의 우위를 확고하게 다진 장본인이다. 카놋사의 굴욕 사건은 (수도원 역사로 보면) 수도자들의 신앙 회복이 교회 질서를 새롭게 만들어낸 흔치 않은 사건이며, 또한 수도자들이 세상일에 가장 큰 족적을 남긴 사건이기도 하다.

그런데 클루니 수도원의 개혁 운동 성공은 후유증을 만들어냈다. 수도원과 수도자들이 세상일에 너무 개입하면서 수도원 자체가 지나치게 세속화되었던 것이다. 클루니 수도원과 그 밖의 개혁 수도원들은 지나치게 부유하고 비대해졌다. 또한 이미 민중들 속에 깊이 뿌리박힌 기독교 신앙은 참된 경건의 모습을 찾았고, 그것을 수도자들에게 발견하고 있었기 때문에, 수도자에 대한 사회적 대우는 끝없이 높아졌다. 수도원에는 수도자들보다 수도원에서 고용한 사람들의 수가 더 많아졌다. 수도원의 마구간은 말들로 넘쳐났다. 당시에 부유함의 상징이었던 말이 넘쳐나서 매 수도자에게 배당되고도 남았다는 사실은 당시 수도자들의 현실을 잘 보여준다. 이것은 수도자들의 사회적 위상을 의미하지만, 금욕과 은둔 속에서 신성에 참여하고자 하는 이상은 약화되었다는 또 다른 이면도 내포한다.

시토 수도원

클루니를 통해 시작된 수도원 개혁 운동은 거기서 끝나지 않았다. 교회개혁을 이룬 클루니 수도원이 그 맡은 사명을 다하자, 수도원 본래의 이상을 찾아야 하는 과제를 맡을 수도원이 태어났던 것이다. 이 수도원이 역시 클루니와 마찬가지로 부르군도 지방에 세워진, 역사적으로 시토 수도원(Zisterzienser)이라고 알려진 것이다(1098년). 이들 역시 베네딕트 수도규칙의 준수를 앞세웠으나 그 구체적 내용은 좀 달랐다. 그들은 베네딕트 수도규칙 안에서 자신들을 위한 복음의 실질적 해석을 목적으로 했다. 클루니가 사회나 교회 등 외적인 부분들, 흔히

개혁이라는 이름으로 불리는 것들에 관심을 가졌다면, 시토 수도원은 수도자들의 원래 이상인 수도자 자신의 내면으로 들어가 하나님의 신성에 참여하는 길로 다시 돌아온 것이다. 시토회 총회 지침은 이렇게 말한다.

> 공동체는 침묵과 세상에서 분리된 분위기 속에서 산다. 그리고 관상(觀想) 중에 하느님께 마음을 열고 살도록 조장해 주며 또한 그러한 삶을 드러내 보여준다.

이 새로운 수도원의 특징은 침묵과 은둔으로 요약된다. 침묵과 은둔이라는 이상을 따랐기에 시토 수도원과, 또 이 수도원의 이상을 따르는 많은 수도원들은 대부분 황야나 척박한 지역으로 들어가서 다시금 하나님과의 영적인 교제에 힘을 쏟았다. 이들은 철저한 공동생활, 자가 경작을 통한 자급자족, 규칙을 따른 관상 기도, 렉시오 디비나(lectio divina, 聖讀, 성경을 하나님이 주는 명령으로 받아들이고, 묵상하면서 읽는 성경 읽기 방법) 등을 지켰다.

서구 역사에서 10~11세기는 여러모로 전환의 시기이다. 아랍권에 의해 막혀 있던 지중해 교역이 새로 시작되면서 초기 자본주의가 나타나 봉건주의가 쇠락하며, 새로운 시민계급이 태동하고 도시가 형성되는 시기였던 것이다. 이것은 기독교 역사에서도 동일하게 나타나는데, 시민계급이 나타나면서 교회나 교권에 의한 신앙의 독점이 흔들리기 시작한 시기이기도하다. 이렇게 개인 신앙고백을 중요시하는 모습은 바로 시토 수도원 이상을 따르는 수도원과 수도자가 급격하게 늘어났다는 것에서 확인된다. 새로운 수도원들은 클루니와 마찬가지로 모(母)수도원, 자(子)수도원의 관계를 갖는 것이 보통이었다. 이 수도원들은 11~12세기에 유럽 전역에 수백 개가 넘게 세워졌다.

이렇게 확장된 수도원 세력은 그들의 이상인 침묵과 은둔에 머물 수 없었다. 이 시기에 십자군전쟁, 시민계급의 태동, 자본주의의 시작 등 여러 가지 시대적 문제가 대두되면서 수도사들이 직접 십자군에 가담하든가, 가담을 촉구하는 설교를 하는 등 사회 문제에 직·간접으로 개입할 수밖에 없었다. 더구나 모-자 수도원 관계로 강력한 통일성과 연대체계를 갖고 있던 수도원들은 사회적으로 거대한 권력 기관이 되어 있었다. 이 시기에 수도원과 유명한 수도자는 말 그대로 교회의 실세였다. 클레르보의 버나드(Bernhard von Clairvaux, 1090~1153)가 그 중 한 사람으로, 그는 교황에 선출된 적은 없었지만 교황보다 높은 사람이었다. 그가 지명하는 사람이 곧 교황이 되었던 것이다. 수도원 생활에 신비주의적 경향을 도입한 것으로 유명한 그는 십자군 문제, 신학 문제, 사회 문제, 교권 문제 등 모든 것에 참견하고 영향력을 행사했다. 그는 수도원장으로 서방교회 전체를 움직이는 권력을 행사했던 것이다.

12세기쯤 되면서 시토 수도원의 체계에 균열이 생기기 시작했다. 클루니에서 시작된 세속 권력과의 단절, 시토를 통한 수도원 고유 이상의 회복은 성공했지만, 그들이 사회적 세력이 되자 수도자들은 다시 개인적 은둔과 침묵을 원했던 것이다. 마침 새롭게 부상한 시민계급은 자신들의 신앙을 더 이상 교회나 수도원에 기대지 않으려 했다. 그들은 스스로 수도자의 이상을 따르고자 했다. 물론 이 이상은 시토 수도자들에게서 배운 것이었다. 은둔과 금욕이라는 수도자의 이상이 수도원 담을 넘어 일반인들에게까지 파급되었던 것이다. 이런 움직임은 12세기에 새로운 수도원들이 나타나는 배경이 되었다.

유럽의, 유럽인에 의한 수도원

새로운 수도원 운동

클루니 수도원에서 시토 수도원으로 이어지는 교회개혁 운동은 일반 평신도들의 신앙 각성 운동과 서로 맞물리게 된다. 10세기를 전후해서 나타난 유럽의 변화 중, 도시의 형성과 번성이 외부적 특징이라면, 그 내면적 특징은 십자군전쟁으로 인한 기사계급의 출현과 지중해 교역이 새로 시작되면서 나타난 시민계급의 출현이다. 이렇게 형성된 시민계급은 유럽 역사에서 새로운 변혁계급으로 등장하고 마침내 근대 사회의 주역이 된다. 이런 발전은 기독교 신앙의 토착화와 관계가 깊다. 민중계급이 자신들의 시각으로 기독교 신앙을 이해하고 내보이기 시작했던 것이다. 이것은 클루니와 시토 수도자들의 신앙 운동이 민중계급까지 확산된 것을 의미하는데, 새롭게 부상한 이들 신앙적 민중계급은 새로운 수도원을 만들어낸다. 그것이 도미니크 수도원과 프란시스 수도원이다. 이 수도원들은 유럽의 기독교가 자신들의 기독교 신앙고백 위에 만들어낸 유럽의 수도원들이다.

민중 경건 운동

십자군 운동은 하급 귀족들이 새로운 계층을 만드는 계기를 마련해 주었다. 영주와 귀족들의 부하들로서 만족해야 했던 과거와는 달리, 십자군전쟁을 통해서 그들은 기사계급이라는 새로운 신분이 되는 데 성공했다. 특히 그들은 십자군전쟁에 참여하면서 외국 문물을 경험하고 새로운 문화의 가능성을 제시한 특별한 계층이었다. 새로운 문화의 가능성은 밀라노를 중심으로 아랍권과 무역이 활성화되면서 등장한 시민계급의 출현과도 맥을 같이하고 있었다. 상인들과 수공업자들이 무역이나 상업을 통해서 얻은 부를 바탕으로 형성된 이 신흥 계층은 새로운 건축술을 받아들여 새로운 교회 건축이나 교회 미술에 주요한 후원자 계급이 되었다. 또한 이들은 곧 신앙에서도 주체적 계급, 자신들의 것을 요구하는 계층으로 성장했다.

중세의 사회 구성은 이처럼 빠르게 변하고 있었다. 이 변혁의 핵심인 기사계급이나 시민계급은 중요한 가치 하나를 공유하고 있었는데, 그것은 기독교 신앙이었다. 이는 기독교 신앙이 새롭게 전파되었다는 뜻이 아니다. 하지만 그들에게 다가오는 신앙의 의미는 지금까지와는 많이 달랐다. 클루니 수도원의 '개혁 운동'과 시토 수도원의 '은둔과 고행의 경건한 삶'은 제도권 교회나 성직자 계급이 아니라 각 개인이 신앙에 눈을 뜨게 하는 중요한 동기를 제공했고, 마침내 이들 시민계급이 신앙의 열정을 분출하는 결과를 낳았던 것이다. 이것의 구체적 모습이 십자군 운동과 중세 민중 경건 운동이다. 이것은 보통 수도원 운동의 결과라기보다는 생산양식의 변화와 이에 따른 중세 사회구조의 변화라는 틀에 의해 설명된다. 그러나 변화의 방향을 결정하는 역할을 한 것이 수도원이고, 기존의 교회와 성직자 중심의 신앙에서 개인의 신앙고백을 중시하는 흐름을 통해서 시민계급의 자의식이 성장했기 때문에, 중세 사회를 변화시키고 새로운 동력을 얻게 한 것이 새롭게 신앙적 각성을 한 평신도 계급이라는 말은 타당하다.

이들 시민계층이 가진 신앙적 각성은 지금까지 교회와 교권이 중심일 때 만들어진 교리나 신학, 성사(聖事) 혹은 예전의 모습이 아니라, 평신도들 간의 관계를 중심으로 나타났다. 어떤 학자(딘첼바허)가 말하는 것처럼 신앙에 근거한 "사랑의 관계"라는 개념이 만들어진 것이다. 이것은 교회와 정치 권력자가 명령하던 중세의 전통적 틀이 깨졌으며, 이제 평신도들이 자신들의 실제적 삶을 신앙에 근거해서 이해하기 시작했다는 것을 말해준다.

이것은 지금까지와는 전혀 다른 신앙의 흐름이기에 12세기에 나타난 새로운 영적 경건주의라고 부를 만한 것이었다. 이러한 평신도 운동은 곧이어 전통적 교회에 대한 비판과 도전으로 나타났다. 중세 교회사에서는 이것을 중세 민중 경건 운동이라고 부르며, 또 이 운동이 교권에 도전했기 때문에 중세 이단 운동이라고도 부른다. (그러나 평신도들의 신앙적 자각을 통해 일어난 운동이기 때문에 이단 운동이라고 부르기보다는 민중 경건 운동으로 부르는 것이 타당해 보인다.) 이런 운동의 시작은 보통 북 이탈리아에서 일어난 아놀드 운동으로 보고 있다. 이 운동을 시작한 브레스키아의 아놀드(Arnold von Brescia, c. 1100~1155)는 사람들에게 세속화된 성직자들과 그들의 옳지 못한 행위, 물질에 대한 탐욕과 지배욕에 대해 반대하는 저항 운동을 일으켜야 한다고 설교하고 다녔던 사람으로 유명하다. 그는 성직자들은 모든 세상 권력과 소유를 포기하고 사도들처럼 완전한 가난과 순종으로 되돌아가야 한다고 가르쳤다. 실제로 모든 것을 버리고 방랑하며 가난하게 살았던 그는 소위 사도적 청빈의 삶을 살았기 때문에 많은 사람들이 그를 따랐고, 결국 하나의 무리를 이루게 되어 교회에 반대하는 세력으로 성장했다. 이러한 아놀드 운동은 단일화되고 경직된 중세 사회의 한쪽이 깨지기 시작했다는 사실을 알려주는 결정적 신호탄이었다. 전통적 교회 입장에서 말한다면 소위 진짜 이단이 출현한 것이다.

교회에 반대하고 순수한 신앙이나 사도적 삶으로 돌아가야 한다는 주장, 이것이 이 운동의 핵심인데 교회의 탄압에도 불구하고 이 운동은 계속되었을 뿐 아니라 뒤이어 카타리(Cathari)파, 왈도(Waldo)파 등 수많은 이단 운동이 일어나는 기폭제가되었다. 이들 주장의 핵심은 교권제도에 반대하는 것이었고 가난을 강조했으므로, 부와 사치 그리고 형식주의에 물든 교회에식상해 있던 일반 민중들에게 상당한 호응을 받으며 유럽 전역으로 확산되었다. 더구나 새로운 운동들에서는 성직자와 참된그리스도인들은 가난하게 살아야 하며, 이것은 성경에서 가르친 것이고, 동시에 기독교는 성경에 근거해야 한다고 주장했기때문에 제도권 교회로서는 상당히 부담스러울 수밖에 없었다.이들 새로운 운동의 주장은 때때로 상당히 극단적이었으며, 전통적 교회에 몸을 담고 있으면 구원을 받지 못한다고 가르치기까지 했다. 교회로서는 이를 그대로 두고 볼 수 없었다. 제도권교회는 이 이단을 쓸어버리기 위해 십자군을 동원했다. 물론예루살렘을 회복하기 위한 십자군이 아니라 이단을 박멸하고정통 신앙을 지키기 위한 소위 알비십자군(알비는 카타리파가일어났던 지역 이름)이었다. 알비십자군은 카타리파의 본거지인남부 프랑스를 공격해서 초토화시켰다. 이런 교회 정화 운동의선봉에는 당시 교황이었던 이노센트 3세(Innocent III)가 있었다.

도미니크 수도원

이노센트 3세는 이단들과의 싸움을 폭력을 통해서만 해결하려고 하지는 않았다. 그는 카타리파나 왈도파가 가진 사상의 가치를 인정하고 있었고, 그들의 이상을 부정하지 않고 오히려 제도권 교회가 이를 받아들여서 교회 안에 뿌리내리도록 해야 한다고 생각했다. 교회에 대해 비판하는 문제들은 이단을 박멸하는 것으로 끝나는 것이 아니라 교회를 위해서 근본적으로 해결해야만 할 문제라는 것을 깨닫고 있었던 것이다. 이러한 그의 신념은 제도권 교회 안에서 금욕이나 개인 경건, 가난의 이상을 실현하는 단체를 지원하는 것으로 나타났다. 좀더 정확히 말한다면 이런 이상을 갖고 있는 사람들이나 단체 중에서 교회의 통제와 감독을 받을 준비가 되어 있는 사람들을 지원해서 새로운 수도원을 만들었다고 해야 할 것이다.

도미니크 수도원은 소위 이단 운동에 빠진 사람들을 올바른 신앙, 즉 제도권 교회로 다시 돌아오게 하기 위해서 세워진 수도원이다. 도미니크 수도원을 세운 도미니쿠스 데 구즈만(Dominicus de Guzman)은 스페인의 카스티야 출신으로 1196년 마드리드 근방의 어거스틴 수도회 수도자가 되었다. 이곳에서 그는 지역 교구의 주교인 아케베도의 디에고(Diego von Acevedo)와 친밀하게 되었고, 둘이 함께 카스티야 국왕을 수행하면서 많은 여행을 했다. 1206년, 그들은 로마 여행을 마치고 스페인으로 돌아가던 길에 카타리파와 왈도파가 세력의 절정을 누리던 랑그독 지역을 지나게 되었는데, 그곳에서 전통적 시토 수도자가 경멸의 대상이 되어 있는 것을 보고 큰 충격을 받았다. 그들은 시토 수도자들에게 이단들의 선교 열정과 가난을 배우고 실천하는 것만이 이단에 빠진 사람들을 구해낼 수 있는 유일한 방법이라고 충고했다. 또한 그들과 함께 가난하게 살고 열정적으로 방랑설교를 하면서, 이단들을 다시 돌아오게 하는 노력을 기울였다. 이것이 어느 정도 성공을 거두었을 때, 디에고는 주교의 일을 계속하기 위해서 자신의 교구로 돌아갔고, 도미니쿠스가 이 일을 넘겨받았다.

도미니쿠스의 일은 몇몇 동역자들이 합류하면서 새로운 힘을 얻었다. 그들은 동역자 중 한 명이 제공한 집 세 채를 근거로 조직적인 활동에 들어갔다. 1215년 도미니쿠스는 로마에서 열리고 있는 제4차 라테란 공의회에 참석해서 자신들의 운동을 수도회로 승인해 줄 것을 요청했다. 하지만 이 공의회는 이미 새로운 수도회 설립을 금지한다는 결정을 내려놓고 있었기 때문에, 그들은 기존 수도원의 하나로 편제되도록 권유받았다. 그래서 어쩔 수 없이 어거스틴 수도회 규칙을 채택했으나, 그들이 하는 일은 이단에 대한 선교와 설교였다.

하지만 교황청에서는 점증하는 이단의 위협에 대처하기 위해 이러한 수도회를 활성화시켜야 할 필요가 있었다. 그래서 다음해인 1216년 교황 호노리우스 3세(1216~1227)는 이 도미니크 수도회를 공식 승인하였다.

도미니크 수도회의 공헌은 그들이 가진 목적에서 잘 드러난다. 이 시대는 여성들이 사회의 한 계층으로 새롭게 등장하던 시대였고, 특별히 이단 운동에 가담한 사람들 중에 여자들이 많았다는 사실은 교회가 여성에 대한 관심을 새롭게 기울여야 한다는 사실을 각인시켜 주었다. 여성들이 다수를 차지하는 이단 운동에서는 자연스럽게 교회의 남성 중심 체제에 대한 비판이 터져 나왔고, 왈도파에서는 이미 여성 설교자를 인정하는 방식으로 독자적 해결책을 만들어 가고 있었다. 도미니크 수도회는 이 부분을 중시해서 여성 수도회를 세우는 방식으로 이 문제를 해결했다. 이런 해결책은 많은 호응을 받아서 독일 같은 경우는 여자 수도원이 남자 수도원의 숫자보다 더 많을 때도 있었다고 한다.

도미니크 수도회의 또 다른 특징 중 하나는 그들이 신학 분야에 관심을 가졌다는 데 있다. 이들이 신학에 관심을 가진 이유는 이단에 빠진 사람들에게 카타리파나 왈도파가 신학적으로 이단이라는 것을 가르쳐서 다시 돌아오게 하기 위한 신학적 지식이 반드시 필요했기 때문이다. 이러한 신학적 관심은 후대에 도미니크 수도원이 신학 일반에서 가장 탁월한 신학자들을 길러내는 결과를 가져왔다. 실제로 중기 스콜라 신학을 정리하고 발전시킨 것은 거의 전적으로 도미니크 수도사들의 업적이다. 그리고 그 중 가장 탁월한 인물이 스콜라 신학의 대가인 토마스 아퀴나스(Thomas Aquinas, 1225~1274)이다.

도미니크 수도원은 또한 교황에 대한 충성이 워낙 각별했기에 이단을 설득해서 다시 돌아오게 하는 일뿐 아니라 종교 재판소를 통해서 이단을 고문하고 처형하는 일에도 앞장섰다. 원래 이단들을 데려다 신학적으로 설복해서 의견을 되돌리는 것이 그들의 전문 분야였으므로, 그렇게 시도하다가 따르지 않거나 자신들과 맞서는 이단들에 대해서는 응분의 처벌을 해야 했기 때문에, 이것은 일정 부분 피할 수 없는 것이기도 했다. 도미니크 수도회는 초기의 목적과는 달리 후대로 가면서 오히려 종교 재판에서 심문을 담당하는 전문가들로 변모한다. 아직은 종교와 정치가 하나가 되어 개인의 신앙고백을 억누르는 중세가 계속되고 있었던 것이다.

프란시스 수도원

프란시스 수도원은 도미니크 수도원과는 전혀 다른 경로를 통해 세워졌다. 도미니크 수도회는 처음부터 교황이나 중세 가톨릭 교회와 밀접한 관계 속에서 태어났지만, 프란시스 수도회는 말 그대로 일반 민중의 신앙이 수도회로 형성되어 나타난 유럽 민중 고유의 수도원이라 할 만하다.

이 수도회의 설립자 프란시스는 교회의 정치는 물론 수도회의 행정조직에도 관심이 없었다. 그는 다만 자신의 경건한 생활이 이단으로 오해받고 비난받는 것을 원하지 않았기 때문에 수도회로 인정받고 싶어 했다. 그는 카타리나 왈도처럼 개인적으로 복음적 삶, 경건한 가난의 삶을 살고 싶어 했고, 그렇게 살기 위해 노력한 것이 그가 바란 전부였다. 그러나 당시의 제도권 교회와 이단 사이에 있었던 긴장관계를 본다면 홀로 금욕과 가난의 삶을 사는 것이 이단으로 비난받을 소지가 많은 것은 사실이었다.

프란시스 수도회의 설립자는 아시시의 프란시스(Franz von Assisi, 1181~1226)이다. 직물 장사를 하던 아버지 덕에 부유한 어린 시절을 보냈던 프란시스는 기사가 되어 십자군에 참여하여 군사적으로 명예를 얻고자 하는 꿈을 가졌다. 그러나 젊은 청년으로 전쟁에 참여했다가 부상을 입고 포로로 잡힌 경험과 오랜 동안 투병생활을 한 경험 등은 그가 기사로서의 삶이 아닌 영적인 삶을 살도록 준비시켰다. 명상과 기도로 살던 어느 날, 그는 폐허가 다 된 성 다미안(St. Damian) 교회에서 기도하다가 주님의 음성을 들었다. "프란시스, 주의 집을 수리하라. 주의 집이 무너지고 있다." 그는 집으로 돌아가서 많은 돈을 가져다가 수리비로 주었다. 이것은 아버지를 화나게 했고, 아버지는 그를 도시의 행정관과 주교에게 고발해 가져간 돈을 변상하라고 요구했다. 그러자 프란시스는 입고 있던 옷을 벗어서 주교와 아버지 앞에다 놓은 후, 이제는 육적인 아버지와 결별하고 영적인 아버지를 위해서만 살 것을 선언하고 그 자리를 떠났다.

그 후 그는 어려운 사람을 돕고, 문둥병자를 간호하고, 기도와 명상을 하면서 지내다가 1208년, 아시시에 있는 포르티웅클라 교회에서 낭독하는 성경 구절을 들었다. 그것은 「마태복음」 10장 9-10절로 "너희 전대에 금이나 은이나 동이나 가지지 말고 여행을 위하여 주머니나 두 벌 옷이나 신이나 지팡이를 가지지 말라. 이는 일군이 저 먹을 것 받는 것이 마땅함이니라……"는 것이었다. 이것을 하나님께서 자신에게 준 명령이라고 받아들인 그는 그 말씀을 그대로 행하며 하나님 나라를 설교하고 다녔다. 복음을 따라 사는 그의 생활을 보고 몇 명의 사람들이 함께 살기 시작했고, 곧 작은 무리를 이루었다.

이렇게 무리를 이룬 후 프란시스는 가난을 따르는 삶을 살기 시작하는데, 후에 자신이 직접 쓴 유언장에서 이런 삶을 살도록 알려준 분은 하나님이라고 말하고 있다. 유언장에는 이렇게 씌어 있다.

> 우리 생활을 받아들이려고 찾아오는 사람들은 가지고 있던 모든 것을 가난한 사람들에게 주었고 또한 안팎으로 기운 수도복 한 벌과 띠와 속옷으로 만족하였습니다. 우리는 그 이상 더 가지기를 원치 않았습니다.

이들이 내세운 이상은 그리스도의 제자는 단지 봉사하기 위한 존재들로서, 인간과 모든 피조물을 사랑하기 위한 존재, 무조건적으로 남을 사랑하기 위한 존재, 겸손하기 위한 존재라는 것이었다. 이런 이유로 프란시스는 자기를 따르는 사람들을 '작은 형제들'이라고 불렀다. 그들은 말 그대로 아무것도 아닌 자들로, 방랑생활을 하면서 경건을 실천에 옮기고, 걸식해서 식사를 해결했다. 식사를 얻지 못하면 굶었고, 헛간이나 마구간에서 잠을 잤으며, 잠자리를 얻지 못하면 노천에서 잤다. 그런데 이런 삶을 살고자 이 대열에 합류하는 사람들이 빠르게 늘어났고, 비슷한 모임들이 많이 생겨났다. 결국 이 모임은 조직화된 수도원으로 성장해 갔고, 교황의 승인을 받음으로써 공식 수도원이 되었다.

프란시스 본인이 원했든 원하지 않았든 프란시스 수도원은 이단 운동이 확산되는 것을 효과적으로 막아냈다. 당시에 이단들이 주장하던 것들이, 이 수도원을 통해 제도권 교회 안에서도 가능하고, 또 실제로 그렇게 산다는 사실이 드러났기 때문이다. 프란시스 수도원은 당시에 교회와 사회가 분열되어 다른 길을 걸을 수도 있었던 위험을 잘 막아냈던 것이다.

프란시스 수도원은 당시에 이탈리아를 중심으로 나타나던 초기 자본주의의 위협도 잘 막아냈다. 당시에는 지중해 교역이 활성화되고 식량보다는 원자재가 치부 수단으로 등장하면서 토지 중심의 봉건주의가 몰락하고 상업을 통한 부의 축적이 나타났다. 그러자 영지에서 많은 사람들이 내몰려 도시로 몰려들었고, 이들이 도시 빈민층을 형성하게 되어 사회 문제로 떠올랐지만, 정부나 교회는 이것을 해결할 능력이 없었다. 프란시스 수도원은 이런 사회 현상을 신앙의 이름으로 잘 추슬렀고, 신앙을 통해 새로운 사회를 향한 모델을 제시하여 이 문제를 해결했던 것이다.

이처럼 프란시스 수도원과 도미니크 수도원의 성공은 중세가 이미 새로운 단계에 들어갔음을 보여주는 증거가 되었고, 수도원은 그 변화의 중심이자 주역이었다.

중세 수도원의 질적 변화

전통적으로 14~15세기는 중세의 해체기로 설명된다. 중세의 해체는 곧 중세를 구성하던 기본 요소인 교황제와 교회의 위기를 뜻한다. 이것은 카놋사의 굴욕 사건을 통해서 교회가 세속 권력의 우위에 있다는 것을 천명한 후, 십자군전쟁과 종교 재판 등을 통해 자신의 절대적 지배를 확인했던 교회가 세속 권력들에 의해 위축되면서 나타난 결과였다. 구체적으로 보면 영국과 프랑스 사이에 일어났던 백년전쟁(1337~1453)은 중세 해체의 서곡이었다. 두 나라가 전쟁 비용을 위해서 교회에 세금을 물리려 하자 당시 교황 보니페이스 8세(Bonifatius VIII, 1294~1303)가 반발했고, 왕들이 교황에게 저항하면서 세속 권력과 교황권이 충돌했다. 보니페이스는 우남 상탐(Unam Sanctam, 유일한 권위)이라는 칙령을 발표하면서 교황의 절대권을 지키려 했으나 역부족이었다. 이미 프랑스, 영국, 독일 등에 자리잡은 국가주의는 교황이나 신앙보다는 국가의 편에서 상황을 보도록 했던 것이다. 더구나 다음 교황인 프랑스인 클레멘트 5세(Clemens V)가 프랑스 국경 근처 아비뇽을 교황의 거처로 삼으면서 교회는 국가, 곧 프랑스에 예속되었다. 교황과 교회는 국가의 지배를 받는 처지로 전락했던 것이다.

이러한 교회의 위기는 곧 수도원의 침체나 몰락과 직접적으로 연결된다. 12세기 이후 교황과 교회는 서구의 절대적 지배 세력으로 등장했고, 이때 새롭게 나타나서 사회 발전의 주도적 역할을 하던 수도원들 역시 교황과 교회가 몰락하자 영향력의 감소나 침체를 피해갈 수 없었던 것이다. 세속 권력들은 교회에 세금을 물리고, 교회의 수입을 지불하는 장부인 성직록(Benificium, 聖職綠)에 자신들의 이름을 올려서 교회 재산을 빼앗는 경우가 많았는데, 수도원을 성직록에 올려놓고 수도원의 재산을 유용하는 경우도 빈번했다. 어떤 경우는 권력가들이 수도원을 이단으로 고발하거나, 명분을 만들어내어 해체시키고 재산을 통째로 빼앗기도 했다.

이것은 전통적 수도원에 닥친 커다란 위기였다. 물론 수도자들은 자신들의 삶의 방식을 지켜내기 위해 많은 노력을 기울였다. 하지만 시대가 변한 것만큼, 전통적 삶을 지켜내기 위해서는 시대가 요구하는 변화를 받아들여야 한다는 사실 또한 분명했다. 수도원이 내놓은 해결 방식은 국가적 또는 국제적으로 연대해 묶여 있던 거대한 수도원 조직을 나눠서 지역의 수도원으로 묶거나 아니면 단독 수도원으로 나누는 것이었다. 이것은 교회와 국가 간의 다툼에서 수도원이 더 이상 교황의 전위대 역할을 하지 않겠다는 뜻으로, 이단 재판에서 교황과 황제의 명을 충실히 따랐던 것을 생각하면 질적으로 새로운 변화임에 분명하다. 수도원의 전통적 이상에서 본다면 다시금 세상을 뒤로 하고 묵상과 금욕 등 은둔자적 삶으로 되돌아가려는 경향이 나타났다고 할 수 있을 것이다.

이것은 당시 사회의 변화와 관련해서도 설명이 가능하다. 14세기에서 16세기에 이르는 기간은 유럽 전역을 공포로 몰아넣은 페스트와 왕위 계승전쟁 그리고 경제·사회적 불만 때문에 나타난 전쟁과 민란 등 혼란의 시대였다. 사람들은 이러한 시련을 하나님의 저주로 생각했으며, 늘 죽음의 공포에 시달렸다. 지금까지 해오던 방식의 신앙이나 예배로는 신의 노여움을 풀 수 없을 것이라는 막연한 불안이 있었고, 이것이 수도자들에게는 은둔해서 묵상하면서 하나님의 뜻을 알려는 노력으로 나타났던 것이다.

이런 이유로 14세기의 수도원 운동은 전통적인 모습에서 변화된 경향을 나타내고 있다. 그들은 규범이나 공동생활보다는 내적인 경건을 추구하는 명상을 중시한다. 이러한 모습은 당시의 수도원이나 수도자들이 신비한 체험이나 환상을 많이 보고, 이웃을 위한 희생의 삶을 사는 경우가 많은 것들로 확인된다.

이러한 특징을 가진 수도원 중 이 시대에 새롭게 만들어진 것으로는, 결혼해서 이미 자녀까지 두었던 비르지타(Birgitta, 1301/03~1373)라는 스웨덴 귀족 출신 여성이 참회의 순례 여행을 한 후 시토 수도원에 들어갔다가 신비한 체험과 환상을 보고 세우게 된 비르지텐(Birgitten) 수도원을 들 수 있다.

하지만 이 시대의 수도원이나 수도자를 대표해 주는 경향은 네덜란드에서 생겨난 공동생활 형제단이다. 게하르트 그로우테(Gerhard Groote, 1340~1384)에 의해 세워진 이 공동체는 특정한 수도회 명칭도 가지고 있지 않았고, 일정한 수도규칙을 따르지도 않았다. 함께 모여서 공동생활을 한다는 것이 수도회라고 할 수 있는 유일한 특징이었다. 그들은 손노동을 통해서 직접 생활비를 벌었는데, 그것은 주로 예배나 교훈적인 책들의 필사였다. 이들의 중요한 목표 중 하나는 대중과 청소년 선교, 성직자 교육이었다. 그들은 스스로 학문 연구에 열심이었고, 학교를 세우고 자체 교육을 했기 때문에 네덜란드에서 인문주의가 태동하는 데 결정적 역할을 하기도 했다. 종교개혁자 루터가 이 공동생활 형제단에서 운영하던 학교에서 초등학교 과정을 공부했던 사실은 잘 알려져 있다.

비르지텐 수도원이나 공동생활 형제단의 공통적인 특징은 위에서 이미 언급한 것처럼 신비한 내적 체험이 중요한 요소를 차지하고 있다는 사실이다. 보통 신성의 실제적 체험이라고 불리는 이것은 이 시대에 특별히 많이 나타나서 중세 후기 신비주의 신학이라는 이름이 붙어 있기도 한데, 이런 신비적 체험의 산실이 수도원과 수도자들이었던 것이다.

이런 체험은 중세 후기의 유명한 신비가 마이스터 에크하르트(Meister Eckehart, 1260~1327/28)에 근거를 두고 있고, 그로우테 역시 그의 영향을 받아서 하나님의 인도를 받는 내적인 경건을 추구했다. 이것은 데보치오 모데르나(Devotio Moderna, 새로운 경건) 운동이라고 불리며, 보통 종교개혁을 준비한 경건 운동으로 설명되고 있다. 이들은 사변적인 스콜라 신학을 폐기하고, 개인적이고 실제적인 삶에서 그리스도를 따르는 삶을 살며, 관상(觀想)적 성경 읽기, 그리스도의 고난에 신비적 동참, 그리스도의 세상 사역에 동참 등을 특징으로 한다. 이 특징을 잘 보여주는 것으로 이 단체와 관계를 맺고 있던 어거스틴 수도회의 수도자 토마스 켐펜(Thomas Kempen)이 쓴 『그리스도를 본받아 Nachfolge Christi』라는 책은 오늘날까지 많은 독자들에게 읽히고 있다.

비르지텐 수도원과 공동생활 형제단은, 비록 14~15세기에 수도원이 침체와 몰락의 길을 걷지만 여전히 시대 변화에 걸맞은 영적이고 경건한 삶의 모습을 제시하는 역할은 담당하고 있음을 보게 된다. 14세기의 수도회의 변화된 모습을 보면, 이제 규범과 공동생활이 수도원의 특징이 아니라 개인이 신성에 참여하고, 또 그러한 삶을 살기 위한 노력이 나타나고 있음을 알게 된다. 이는 교회와 국가가 발전하고 분화되면서, 이들이 더 이상 신앙에 관심을 가지지 않고 이익에 관심을 돌리게 되었기 때문에 나타난 현상인지도 모른다. 하지만 수도자든 일반인이든 신앙의 궁극적 지향점은 각 개인이 신을 체험하고, 그 신성에 참여하는 것이므로, 이런 발전은 필연적이었다고 할 수 있다. 이런 발전을 우리는 개혁이라고 부른다. 그리고 이 발전은 수도원과 교회의 개혁으로 이어져야 했다.

종교개혁과 수도원

비르지텐 수도원이나 공동생활 형제단이 틔웠던 개혁의 싹은 꽃을 피우지 못했다. 가톨릭 교회와 교황제 자체를 부정하는 대폭풍이 몰아쳤던 것이다. 종교개혁이라고 불리는 이 대사건은 중세를 마감하고 근세라는 새로운 시대를 여는 역사적 사건이 된다. 이 대사건은 수도원에도 역시 폭풍으로 다가올 수밖에 없었다. 교황과 가톨릭의 교권을 부정하고 저항하는 종교개혁 운동이 가톨릭 교회와 교황의 권위를 상당 부분 뒷받침해 주던 수도원에 대해 부정적이고 비판적인 태도를 보이는 것은 당연했기 때문이다. 종교개혁을 시작한 마틴 루터 (Martin Luther, 1483~1546) 역시 성직자 수도회인 어거스틴 수도회 출신이라는 사실이 조금은 역설적이지만, 이 개혁 운동은 수도원의 전통적 흐름을 전혀 새롭게 바꿔 놓을 만큼 큰 영향을 미쳤다. 많은 수도원이 해체되어야 했고, 수도자들이 추방당해야 했다. 하지만 수도원과 수도자의 본래 이상은 사라질 수도 없었고, 사라져서도 안 되었다. 그것은 시대가 요구하는 새로운 모습으로 다시 나타나야 했다.

수도원의 위기

루터는 어거스틴 수도회의 모범적인 수도자였다. 어거스틴 수도회는 성직자 수도회였기에, 신부 서품을 받은 루터는 학자이자 비텐베르그 대학의 성경 교수로 활동했던, 성공적인 수도자로 평가받을 만한 인물이었다. 하지만 그가 받은 스콜라식 신학 교육과 성경 해석 방식은 그가 가진 내적인 고민에 답을 주지 못했다. 그는 죽음이 두려웠고, 죽은 후에 천국에 갈 수 있는 확신을 줄 수 있는 확실한 근거를 원했다. 성경학자였던 그는 성경 연구를 통해서 구원은 그리스도를 믿는 믿음으로만 이루어지며, 교회나 성례는 이것을 알려주고 가르치기 위한 수단이라는 확신을 얻었다. 그에게 신앙의 절대적 원칙과 기준은 단지 성경일 뿐이며 다른 어느 것도, 특히 인간의 행위나 노력은 구원에서 아무런 역할을 할 수 없다고 확신했다. 이런 주장은 당시 죽은 자의 구원을 위해 면죄부를 판매하던 교회의 가르침과 배치되는 것이었고 마침내 종교개혁이라는 역사적 사건으로 이어지게 된다.

믿음과 성경만이 구원의 유일한 방편이라고 생각하는 루터가 보기에 수도자의 삶은 용납될 수 없었다. 그것은 인간의 활동이었고, 수도자가 될 때 서약하는 수도원 규범 역시 믿음을 통해 구원을 받는다는 복음에 위배되는 것이었다. 루터가 보기에 믿음을 통해 구원을 얻은 신앙인은 자유로운 인간 활동을 통해 신의 뜻을 세상에 나타내는 것이지, 개인의 삶을 이런 저런 규범으로 묶어 놓는 것이 아니었던 것이다. 결국 그는 1522년 수도서원에 대해 조목조목 논박하는 글을 발표했다. 이 글의 요지는 신 앞에 선 인간의 양심보다 수도회 규범을 더 높은 데 두는 수도원 조직은 성경적, 신앙적 타당성을 가질 수 없다는 것이었다. 루터의 이런 반대는 수도회나 수도자들을 향해 있던 불만들을 조직화시키는 결과를 낳았다. 또한 이런 세력을 등에 업고, 종교개혁가들은 수도자라는 신분 자체를 없애버리고 싶어 했다. 수많은 수도자들이 수도원을 떠났고, 그 중에 많은 수가 루터를 따르는 충직한 추종자들이 되었다.

이런 흐름과 맞물려 수도원들은 큰 위기에 봉착하게 되었다. 정치와 종교가 거의 분리되지 않았던 중세적 특질에서 교황이나 교회의 권위가 퇴락하자 개혁가들이 영주의 도움을 요청하고 나섰고, 영주들이 이를 받아들이면서 그들이 주도권을 갖는 지역교회 개념이 나타났던 것이다. 영주들은 종교개혁의 이름으로 수도원을 해체하는 정책을 행했다. 이런 움직임은 1526

년 제1차 스파이어 제국회의를 통해서 영주들 스스로 교회개혁권을 가진다는 결정을 내림으로써 법제화되었다. 가톨릭 교회 쪽에서는 신앙에 관계된 부분에 제국 의회가 법적 결정을 내리는 것은 옳지 않다고 항의했지만 소용이 없었다. 많은 영주들이 이 법을 근거로 수도원 간판을 내리게 했고, 수도자들을 추방시키기도 했다. 헤센의 백작 필립(Philipp von Hessen)이 1526년 자신의 영토에 있던 수도원을 폐쇄시키고 이를 세속 기관으로 만들자, 종교개혁을 지지하는 많은 영주들이 이 조처를 뒤따랐다. 이것은 독일만의 문제가 아니라 영국을 포함한 유럽 전체에서 거의 비슷하게 진행되었다.

살아남은 수도원과 수도자들은 이런 사회적 압력을 이겨내기 위해서 많은 노력을 기울였다. 수도원과 수도자의 숫자가 거의 반으로 줄어든 사회적 상황에서, 또 절대 권위를 갖고 있던 가톨릭 교회의 권위가 더 이상 받아들여지지 않는 상황에서, 수도원과 수도자의 이상을 지켜내기 위해서는 특별한 노력이 필요했다. 어떤 노력이어야 하는지는 이미 답이 나와 있는 것이나 마찬가지였다. 사실 종교개혁이 일어난 원인도, 수도회가 이런 어려움을 당하게 된 원인도 중세 중기 이후 끊임없이 제기되어 온 문제인 내부 개혁을 받아들이지 못한 때문이었다. 결국 대답은 분명했다. 살아남은 수도원들은 개혁 프로그램에 동참해야 했다. 그렇다고 마냥 루터에 동조하는 것이 아니라 새로운 모습으로 다시 만들어져야 했다. 그래서 많은 수도원들이 사회 문제를 적극적으로 떠안는 모습을 보여주었다. 구제나 봉사활동 등 일반 사람들을 위한 사회활동을 강화하고, 이것을 통해 일반인들의 일상적 삶과 접목된 수도원과 수도자 활동이 중요한 특징으로 나타났던 것이다. 특히 이 시기에 성직자로서 수도회를 구성하되 사회적 활동을 목적으로 하는 수도원들이 나타났다는 사실은 이런 경향을 압축적으로 보여준다. 이런 수도원으로는 이탈리아에서 처음 생겨난 테아티너(Theatiner) 수도원이 있는데, 이들은 일반 민중에 대한 설교를 주요 과제로 천명했다. 비슷한 유형의 수도원인 바르바니텐 수도원은 선교를 목적으로 했다. 또 북부 이탈리아에서 시작되어 1540년 정식 수도회로 공인된 소마스커(Somasker) 수도회는 병자 간호와 교육을 주목적으로 했다.

이런 새로운 활동을 하는 수도원들이 대부분 새롭게 설립되었다는 사실은 전통적 수도원들이 그만큼 어려움을 겪고 있었고, 새로 시작할 힘이 없었다는 사실을 말해준다. 새로운 시대는 새로운 수도회를 요구하고 있었는지도 모른다. 이런 요구는 마침내 이그나티우스 로욜라의 예수회를 통해 종합적인 모습을 드러낸다.

예수회와 새로운 수도회들

예수회의 설립과 활동은 전적으로 설립자 이그나티우스 로욜라(Ignatius Loyola)의 탁월한 활동에 힘입고 있다. 스페인의 귀족 가문에서 태어난 그는 군복무 중 중상을 입고 오랜 병상 생활을 하게 되었는데, 이때 많은 경건 서적과 영성 서적을 탐

독하면서 특별한 종교적 체험을 하게 된다. 프랑스 파리에서 신학을 공부한 후 그는 1534년 8월 15일 여섯 명의 동료와 함께 가난, 순결, 순례와 영혼 구원에 헌신할 것을 맹세하고 수도원을 설립했다. 1540년 교황을 방문한 그는 이 수도회를 공식 수도회로 인정해 줄 것을 요청했고, 당시 교황 바울 3세는 '예수회'라는 이 수도회를 승인했다. 이 수도회의 목적은 "십자가의 군기 하에 하나님을 위해 싸우며, 주님 한 분에게만, 그리고 지상에서는 그의 대리자인 교황에게 봉사한다"는 것이었다.

이들이 내세운 목적이 알려주는 것처럼 이 수도원은 전통적인 수도회가 내세우는 서원인 가난, 순결, 순종 외에 '영혼 구원과 믿음의 전파를 위해서 내려지는 교황의 명령을 지체 없이 실행에 옮겨야 한다'는 항목을 덧붙이고 있었다. 이것은 예수회의 특별한 특징이기도 했다. 또한 이들은 전통적인 수도회의 모습 중에서 필요 없다고 생각되는 것은 과감하게 탈피하는 모습을 보여주었다. 수도원의 건물보다 인적인 관계를 중시했으며, 수도자 복장을 갖추지도 않았다. 또, 공동 예배 시에 전통적으로 해오던 성무일도(聖務日禱)의 기도 낭송 역시 빼버렸다. 아마도 전통적 수도원이 가진 영적 전통은 그대로 받되 활동이나 형식은 그 시대에 맞게 자유롭게 변형시켰다고 해야 할 것이다.

예수회 활동은 종교개혁이라는 폭풍에 시달리고 있던 가톨릭 교회와 교황의 권위를 다시 일으켜 세우는 것으로 요약할 수 있다. 그들은 교황의 명령에 절대 순종하는 것을 강조하여 교황의 권위를 회복하려 했고, 그들의 활동이 그리스도의 명령과 교회와 교황의 명령에 순종하는 것임을 보이려 했다. 그들은 여러 분야에서 헌신적으로 일했기 때문에 아주 급속한 성장을 하게 되는데, 특히 이탈리아와 스페인 지역에서 매우 활발한 활동을 벌임으로써 교회와 교황권을 지켜주는 든든한 버팀목이 되었다.

이들의 활동 내용은 대략 두 가지로 요약된다. 하나는 전통적 교리체계를 변호하고, 종교개혁자들이 내세우는 개혁신학의 내용들을 반박하는 신학활동이었다. 그들은 여러 곳에 학교를 세우는 등 교육을 통한 가톨릭 세력의 만회에 힘써, 개신교로 넘어갔던 폴란드와 벨기에를 다시 가톨릭으로 넘어오게 하는 성과를 거두었다. 단순히 정치적인 문제가 아니라 개인의 신앙이 전통적 중세의 신앙을 유지하도록 하는 것이었고, 교회에서의 신앙 활동을 새롭게 정리해내서 각 개인들이 그리스도의 삶과 고난 그리고 부활에 동참하는 영적 체험을 할 수 있게 하려는 노력으로 나타났다. 이것은 로욜라가 쓴 『영신수련』이라는 책에 잘 요약되어 있다. 이 책은 또한 후대에 가톨릭 교회의 피정(避靜)을 포함한 많은 영적 수련 모임에서 영성 수련을 위한 지침서 역할을 했다.

다른 하나는 선교인데, 선교는 넓은 의미로는 개신교에 넘어간 유럽의 여러 지역을 다시 탈환하는 것을 포함해야 하지만, 좁은 의미로는 아시아, 구체적으로 중국과 일본에 선교사를 보낸 것을 말한다. 대표적인 인물이 중국 선교사였던 마테오 리치(Matteo Ricci, 1552~1610)로 그는 1601년 중국 북경에 도착해서 서양 문물을 전함으로써 중국의 개화에 결정적 역할을 한다. 연암 박지원으로 대표되는 우리나라의 북학파는 바로 이 리치에 의해 중국에 전해진 서양 문물을 경험하고 새로운 사상과 세계관을 주장했던 사람들이다. 일본에 선교사로 갔던 인물은 프란시스 사비에르(Framsis Xavier)로 1549년 일본에 도착해서 가톨릭 신앙을 전파했다.

이들의 선교활동은 서양 문물을 동양에 전해 주는 데 특별한 역할을 하는 동시에, 유럽에서 반으로 줄어든 가톨릭 교회를 양적으로 다시 채워 세력을 회복하려고 노력했다는 것을 사실로 보여준다. 이런 노력이 동양 선교를 통해서 나타난 것이고, 종교개혁을 지나면서 변화된 유럽 사회의 경향을 말해 주는 것이다. 예수회가 나타났던 종교개혁기에는 수도회가 사회나 일반 민중의 삶에서 실제적 도움을 주는 신앙의 모습으로 변화하기를 요구하고 있었다. 이런 경향은 수도회이면서 수도원적 외형을 가지지 않은 단체들이 여럿 나타나는 계기도된다. 이것은 현대 수도회의 한 특징이기도 한데, 이런 경향의 수도회들이 예수회와 비슷한 시기에, 그러나 예수회와는 무관하게 여러 곳에 세워졌다.

이렇게 해서 생겨난 대표적 여자 수도회로는 안젤라 메리치(Angela Merici, 1474~1540)라는 여성이 1535년 자신의 고향 이탈리아에 세운 성 우슬라(Ursula) 수도원이 있는데, 이 모임은 타락한 여성을 선도할 목적으로 만들어졌다. 또, 영국에서는 마리아 와드(Maria Ward, 1585~1645)라는 젊은 여성이 공동체를 조직해 여성들을 교육하고 개혁 운동을 벌여, 침체에 빠진 가톨릭 교리를 가르치고자 했다. 이 노력은 영국 가톨릭과 교황권, 또 전통적 수도원들의 무관심과 비협조로 결실을 맺진 못했지만 그의 열정과 노력을 눈여겨본 독일의 선제후 막시밀리안 1세가 이 여성을 초청해 뮌헨에 학교를 세우고 교육하여, 사회적 교육 기관으로서 그 역할을 다할 수 있었다. 또, 어떤 수도원은 병자 치료와 간호를 목적으로 한 수도원으로 설립되기도 했고, 빈민 구제와 가난한 자들을 돌보는 역할 등을 목적으로 세워지기도 했다.

이런 수도회의 여러 모습들은 독자적이고 개별적인 목적을 가지고 세워졌기에, 기존 교회 조직과의 관계 설정이 문제로 떠올랐다. 교황의 승인을 받았다 하더라도 각 지역의 주교나 교회와의 관계도 정리해야 할 부분이었다. 마침내 종교개혁에 대응하기 위해서 열렸던 트렌트 종교회의(Tridentinum, 1545~1563)에서는 수도회 문제를 중요 의제 중 하나로 다루고, 수도자 칙령을 발표했다. 이 칙령은 수도회의 독자성과 다양성을 그대로 유지하는 것으로 결정을 내렸다. 이는 각 수도회를 교회가 엄격하게 통제해야 한다는 주장들을 받아들이지 않고, 개신교 이단을 막기 위해서는 다양한 모습으로 민중에게 다가가야 한다는 사실이 고려된 결정이었다. 물론 교회와 주교의 지도와 감독을 폐기한 것은 아니었지만, 수도회와 수도자에게 많은 부분에서 면책 특권을 인정함으로써 각 수도회의 독자적 다양성을 인정했다. 결국 가톨릭 교회는 종교개혁의 도전 앞에서 교권의 일방적 지도보다는 개인과 개별 수도원의 독자성을 받아들였던 것이다. 어쩌면 교황과 교회의 권위가 개인의 신앙 위에 군림하던 중세의 모습이 개인의 신성에 대한 관심과 열정을 인정하고 일정 부분 후퇴하는 모습은 수도원에 대한 태도에서 가장 잘 드러나는지도 모른다. 수도회는 종교개혁이라는 어려운 시기를 잘 견뎌냈고, 이 시련의 시기를 통해서 새로운 모습을 만들어내는 창조적 힘을 다시 한번 보여주었다.

바로크와 계몽 시대의 수도원

종교개혁 이후의 시대는 이성주의 시대라는 이름으로 불리고 있다. 이성이란 말이 나타내 주는 것처럼 이 시대는 인간과 인간의 권리를 가장 중시하는 특징을 가졌음을 뜻한다. 이 시기의 수도원들은 또 다른 변화를 겪어야 했다. 우선 개신교가 수도원 전통에 대해 비판적이었기 때문에, 수도원은 거의 가톨릭 교파만이 갖는 배타적 체제가 되었다. 또, 국가 절대주의 사상 아래 종교는 국가의 일부가 되었고, 국제적 권위를 갖던 교황과 교회의 권위는 정치권력의 희생물이 되었다. 이런 시대에 수도원 역시 교회와 마찬가지로 국가 권력의 희생물이 될 수밖에 없었다. 많은 수도원들이 폐쇄되었고, 반발할 경우

추방과 처형이 뒤따랐다. 하지만 시대 경향이 어떻게 변하든 수도사의 이상, 즉 신성에 참여하고 싶은 욕구, 어쩌면 인간의 본능적 욕구인 이것은 사라질 수 없었다. 그래서 근대의 수도원과 수도자들의 모습은 교회와 단절된 채 독자적 조직으로 변해 가는 특징을 가진다. 그러나 속해 있는 국가와 사회에 대한 봉사와 개인의 은둔적 명상이라는 특징도 함께 가지고 있는데, 이 특징은 오늘날까지 이어지고 있다.

바로크 시대와 수도원

16세기 말에서 18세기 초까지의 서구 사회를 보통 바로크 시대라고 말한다. 바로크(barroco)라는 말은 못생긴 진주 또는 비뚤어진 진주를 뜻하는 포르투갈어이다. 이 말은 원래 종교개혁의 마무리인 종교전쟁(30년전쟁, 1618~1648)을 겪고 난 후 전통적인 것에 만족하지 못하고 새로운 절대 가치도 만들어내지 못한 서구 사회의 사상적 공황을 나타내 주는 말로 사용되었다. 처음에 이 단어는 비판적이고 부정적인 의미로 사용되었으나, 얼마 지나지 않아 새로운 시대의 새로운 가치관과 사상적 가치, 새로운 문화를 지칭하게 되었고, (원래 발상지인 아탈리아를 넘어 프랑스를 중심으로) 급기야는 전통 가치를 부정하고 새롭게 시작된 문화를 의미하는 단어로 자리잡게 되었다.

바로크 문화는 그 어원이 '뒤틀림이나 못생겼다'는 뜻인 것처럼, 그 내부에 묘한 뒤틀림이 있다. 종교개혁 이후 가톨릭에 대한 거부와 도전은 곧 절대 권력과 신성에 대한 부정과 도전이었다. 이것은 종교의 분열을 가져왔고, 새로운 교단인 개신교가 생기고, 종교가 국가에 예속되면서, 겉으로 보기엔 절대 권력과 신권에 대한 인간의 도전이 성공한 것처럼 보였다. 하지만 그럼에도 불구하고 인간 내부에는 절대성이나 인간의 한계를 넘는 초월성에 대한 희구, 또 그 속에서의 안정을 바라는 욕구는 넘어갈 수 없었으며, 이는 절대 권력을 태동시키는 하나의 계기가 되었다. 이런 묘한 뒤틀림을 잘 형상화시켜 주고 있는 것이 바로크 문화이다. 소위 절대주의 시대와 맞물려 나타난 바로크 문화는 웅장함, 화려함 등을 통해 인간이 가진 왕권이나 인간 문화의 절대성과 초월성을 나타내며, 왕권신수설을 형상화하고 있다. 과거의 절대 권력인 종교를 부정하면서도 새로운 절대성에 대한 추종이나 욕구를 그대로 담고 있는 것이다. 어쩌면 인간 자신을 절대화하고 싶은 욕구를 내보이면서도 그속에 막연한 불안감을 가지고 있다고 할 수 있을지도 모른다. 화려함으로 감춘 인간의 본능적 불안이라고나 할까?

사실 바로크 시대는 절대 권위의 상징인 절대주의와 비판적 지성을 도구로 한 이성주의 시대인 17~18세기인데, 바로크 문화의 본산지인 프랑스에서 수도원을 통해 중세 못지않은 신앙적 경건운동이 있었다는 점과 종교적인 바로크 음악과 종교 건축이 크게 발전했다는 사실은 어색해 보인다. 하지만 이것은 엄연한 사실이다. 이것은 아마 종교개혁 이후 겉으로 드러나지는 않지만 교회나 교황의 권위를 넘어 스스로 자신의 실존을 신 앞에서 찾아보려 했던 인간의 모습을 나타내 보여 주는 증거들일 것이다.

그리고 이런 내용은 역설적이게도 이 시대의 수도원을 통해서 나타난다. 그것은 바로크의 불안함과는 좀 다르지만 인간의 노력으로 신성에 참여할 가능성을 역설하는 것이다. 종교개혁기에 나타난 예수회가 바로 이런 특징을 잘 나타내고 있는데, 특히 신앙인의 신비적 체험에 대한 이해와 접근에서 이를 찾아볼 수 있다. 원래 중세의 가톨릭 교회에서 말하는 완전한 신앙은 신앙적 신비 체험을 통해서 이루어지는데, 이런 체험은 말 그대로 신비 체험이라서 신비적인 황홀경에서 신과의 합일이 이루어지며, 전적으로 하나님의 주권적 일이라는 이해가 보편적이었다. 그래서 이런 체험은 수도자나 성직자같이 신이 선택한 특별한 사람에게만 나타나는 기적으로 인식되었다. 하지만 이그나티우스가 쓴 『영신수련』이라는 책이나 바로크 시대에 나타난 신비 체험의 경향을 보면, 일반인들도 특정한 훈련을 통해 이런 신비 체험이 가능하다고 주장하고 있다. 즉, 종래에는 초자연적으로만 주어지던 경험이 인간의 의지적 노력에 의해서 가능하다고 가르쳤던 것이다. 이그나티우스가 "나는 내가 원할 때는 언제든지 신을 만날 수 있다"고 주장하는 것은 바로 이런 내용을 요약해 주는 것이다.

이러한 문제가 수도원과 가톨릭 교회 내부의 문제로 떠오른 것은 선교 현장이었다. 예수회가 주도적으로 나서서 선교했던 아시아권에서 소위 적응주의(Akkommodation) 논쟁이 나타났던 것이다. 이 논쟁의 요점은 피선교지의 토착문화를 어디까지 인정하고 받아들이는가의 문제로, 문제의 발단은 인도와 일본 또 중국에서 선교활동을 했던 예수회 수도자 사비에르, 마테오 리치, 아담 등으로부터 나왔다. 이들은 대개 피선교지의 전통문화를 수용하고 받아들여, 토착민들의 종교적 풍습을 많은 부분 인정하는 것으로 특징지어진다. 이는 인도에서는 힌두교의 종교 풍습을 인정하는 것으로, 중국에서는 공자 숭배와 조상 제사를 인정하는 것으로 나타났다. 이것은 다른 수도회의 반발을 불러일으켰다. 좀 늦게 중국 선교를 시작한 도미니크 수도회와 프란시스 수도회는 이 문제를 교황청에 고발하였고, 교황 이노센트 10세는 1645년 전통문화 수용을 금지하였다. 하지만 예수회의 요청으로 1656년 알렉산더 7세가 이를 다시 수용하는 허락을 내렸다. 그러다 1692년 또다시 금지되었고, 그동안 상당한 성공을 거두었던 중국에서, 가톨릭은 사실상 추방되었다. 개인의 신성 참여와 정통적 신앙이 조화를 이루는 것은 결코 쉬운 일이 아니었을 것이다.

계몽주의 시대와 수도원

노력을 통해서 개인이 신성에 참여할 수 있는 신비적 체험을 강조하는 것은 17~18세기 기독교의 일반적 특징이기도 하다. 가톨릭 영역에서는 개인의 은혜 체험을 강조하는 얀센주의(Jansenism), 행위보다는 영적 체험을 중시하는 정적주의(靜寂主義)가 프랑스에서 일어났고, 개신교 영역에서는 독일의 야곱 뵈메(Jacob Boemer, 1575~1624)나 영국의 조지 폭스가 교리적 정통주의보다 개인의 신비적 체험을 강조하는 주장들을 내놓고 있었다. 이들의 강조점은 약간씩 달랐지만, 개인의 영적 체험이나 성령의 지도를 받는 신비한 경험, 또 엄격한 도덕과 윤리적 삶을 중시하는 공통적 특징을 갖고 있었다.

그러나 계몽주의의 위협 앞에서 수도원과 수도자의 이상은 지켜지기 어려웠다. 이성을 앞세운 계몽적 합리주의는 수도자의 이상을 근본부터 공격해 들어왔던 것이다. 계몽주의자들은 수도자의 삶이나 그들의 생활방식은 이성에 반하는 것일 뿐아니라 인간의 권리와 본성에 반하는 것이라고 주장했다. 그들은 또 수도원 제도가 다른 종교들과 (기독교가 미신으로 치부했던) 고대의 종교들에서도 발견된다는 사실을 들어서 수도자의 삶을 광신자, 정신이상자, 얼빠진 사람들이나 할 수 있는 끔직한 것이라고 비난하기까지 했다. 합리성이나 유용성을 가지고 삶의 가치를 평가했던 계몽주의자들에게 수도자와 수도원은 넓은 토지 위에 그럴듯하게 세워진 큰 건물 안에서 빈둥거리며 노는 사람들과 장소로밖에 여겨지지 않았던 것이다.

이런 주장은 국가가 수도회를 강력하게 통제하고, 국가의 이익을 위해 수도회를 폐지하거나 수도자들을 추방할 명분을 주었다. 국가가 수도원을 해체하고 추방한 이유는 이들이 근본적으로 가톨릭의 기관이어서 교황과 교회의 권위와 이익을 대변해야만 했기 때문일 것이다. 또는 수적으로 꽤 많은 수도자들이 교황이나 교회의 권위보다는 합리적이고, 개인적인 신앙을 옹

호하고 나섰던 것도 국가가 더 이상 교황에게 부담을 느끼지 않고 수도원을 통제할 수 있게 된 배경을 제공했는지 모른다. 17세기에 이르러서는 이제 국가가 수도원과 자기 나라의 교회 문제에 개입하는 것은 더 이상 어색한 일이 아니었다. 프랑스의 수상이었던 리슐리에 추기경(Armand de Richelieu, 1624~1642)이 주축이 되어 나타나게 된 소위 갈리아주의는 프랑스 교회가 교황의 권리가 아니라 자국의 이익에 우선해야 한다는 것으로, 1663년에는 파리 대학의 신학부에 이 사상에 동의하도록 요청했고, 마침내 1682년에 이 내용의 '갈리아 조항'이 프랑스 성직자의 이름으로 공포되었다. 이런 분위기는 유럽의 다른 나라들도 마찬가지여서 독일교회에서 역시 에피스코팔리즘(Episcopalismus)이라는 사상이 나타나 독일교회의 문제는 독일의 주교단 회의가 결정해야 한다고 주장했다. 이런 주장은 1786년에 독일의 주교단이 교황청 대사의 말에 불복종하는 결정을 내리는 데까지 이르렀다.

이런 일련의 흐름은 각 나라에서 수도원을 해체하고 폐지하는 결과로 나타났다. 대부분의 나라들, 특히 예수회의 활동이 활발했던 포르투갈, 프랑스, 스페인, 나폴리 등 전통적으로 가톨릭 국가였던 나라들에서 예수회를 폐지하고 추방령을 내렸다. 더구나 프랑스 왕실은 교황에게 공식적으로 예수회의 폐지를 요구했다. 예수회가 존속하면 프랑스의 교회들이 교황과 국가 사이에서 둘로 분열된다는 것이 그 이유였다. 그리고 만일 이 폐지 요구를 듣지 않는다면 교황령을 공격하겠다고 위협했다. 교황 클레멘스 14세(1769~1774)는 1773년 7월 21일 예수회의 해산을 명령할 수밖에 없었다.

이 해산 명령에 대한 반발이나 저항은 나타나지 않았다. 교황이 이 부분에 대해서 어떤 식으로든 영향력을 행사할 수 없다는 것을 잘 알고 있었기 때문일 것이다. 교황이 어떤 영향력도 가질 수 없었다는 사실은 역설적으로 프로이센과 러시아에서는 교황의 예수회 해산 명령을 따르지 않았다는 사실을 통해서 확인된다. 프로이센과 러시아 정부는 교육의 필요성을 절감하고 있었고, 학교 교육의 중추적 역할을 담당하고 있는 예수회를 해산할 마음도, 해산할 수도 없었던 것이다.

그러나 이런 흐름이 예외적인 경우라는 사실은 분명했다. 오히려 예수회의 해산은 수도원 제도가 구심점을 잃고 해체되어 가는 시작점으로 이해해야 한다. 18세기 마지막 20년과 19세기 초반은 보통 수도원과 수도회 이상이 거의 사라질 뻔한 위기까지 갔던 시기이다. 교회의 역사에서 보통 환속화 또는 세속화(Säkularisierung)라고 표현되는 이 시기의 수도원 역시 세속화의 기간이었던 것이다. 국가나 정치 권력자들은 국가가 처한 재정적 빈곤을 해결하기 위해서 흔히 수도원이나 교회의 재산을 사용했다. 신앙 자체를 부정하지 못했기 때문에 아무래도 부담스러웠던 교회보다는 사회적 경향을 따라 비난의 대상이 되었던 수도원이 그들에게는 손쉬운 상대였다. 가장 대표적인 예가 마인츠(Mainz)의 대주교이자 제후였던 칼 요셉이 부유한 수도원 세 개를 해체하여 현대적 대학을 세운 일일 것이다. 19세기 들어서면서 이런 흐름은 더욱 강력해져서 이탈리아에서는 베네딕트 수도원의 총본산인 몬테카시노 수도원을 포함한 몇 개의 수도원을 국가가 압류해서 국가문서 보관소로 만들었고, 수도자들을 국가 공무원으로 편입해버렸다.

몇몇 수도원들은 서로 연합해서 목회 사역보다는 수공업을 한다거나 교구 주교의 휘하에 들어가 하나의 교회처럼 행정적으로 도움을 받으려는 시도를 했고, 사회나 지역적 필요성 때문에 남은 수도회들도 여럿 있었다. 또는 이런 해체의 시기에 프랑스 수도자 데 레스트랑처럼, 프랑스 혁명 때 자신이 있는 수도원이 해체되자 수도자들과 함께 이웃 나라인 스위스로 가서 새로운 수도회를 세웠던 경우도 있다. 물론 이 수도회 역시 전쟁 중에 해체되었고, 다시 독일, 오스트리아, 폴란드, 러시아 등을 방랑하다가 나폴레옹 퇴위 후에 프랑스로 돌아오는 고달픈 여정을 보여주고 있다. 결국 계몽주의 이후 유럽의 전체 분위기가 수도회에 대한 사회적 냉대라는 사실은 분명했다. 중세적이고 구질서적인 것들은 무엇이든 부정하고 싶었던 혁명의 시대는 구질서에 속하는 수도원 제도를 용납할 수 없었던 것이다.

수도원과 현대 사회

18세기 이후 오늘날까지의 시기는 세계사에 유례가 없을 정도로 동요와 격변이 심했던 시기이다. 1789년의 프랑스 대혁명 이후 절대 왕정의 몰락과 시민계층의 대두, 이로 인한 민주정치 체제의 출현으로 새로운 정치와 국가질서가 만들어지지만, 국가들 속에 내재된 국가주의는 제국주의라는 이름으로 세계를 지배하려는 욕구를 계속 간직하고 있었다. 제국주의는 제1·2차세계대전을 일으켜서 계몽주의 이후 찬양을 받아온 인간의 이성에 심각한 회의를 던져주었다. 오늘날 역시 자본주의의 이름으로, 또 민주주의나 공산주의라는 이데올로기의 이름으로 인간과 사회, 또 양심을 지배하고 예속하고 있다. 마치 이성은 인간의 문제에 해답이 될 수 없다는 사실을 보여주기라도 하는 듯이……. 이런 문제점의 대두와 걸맞게 현대에 들어오면서 수도원이 새로운 부흥기를 맞는 것은 어쩌면 당연한 것인지도 모른다. 아직은 미미하고 부분적이긴 하지만, 이것은 이성에 근거한 인간의 노력이 한계를 절감하고 다시금 신적 질서에 동참하는 의미를 찾으려는 노력으로 해석해야 할 것 같다. 신성에 참여하고자 하는 수도자의 이상, 그 노력과 의지가 새로운 평가를 받고 있는 것이다.

수도원의 부활

근대 사회에서 국가가 수도회에 대해 그렇게 혹독한 대접을 했던 이유는 중세 시대에 국가가 교회에 예속되어 당해야 했던 아픔 때문이었을 것이다. 중세 황금기를 나타내 주는 표징인 십자군전쟁이나 스콜라 신학은 국가와 사상이 교회에 예속되어 있는 모습을 가장 잘 보여준다. 이런 경험을 가지고 있는 근대 유럽의 나라들은 교회나 교황으로부터의 실질적 독립을 가장 중요한 과제로 삼고 있었던 것이다. 그리고 이런 노력은 수도원에 대한 국가의 정책에 그대로 나타나서, 혹독한 세속화 정책으로 수도원을 국가 기관화하거나 해체해서 더 이상 가톨릭의 첨병 노릇을 하지 못하게 하였다. 이것은 반대로 보면 중앙 집권적 근대 국가로 발전해 가야 했던 각 나라들에게 가톨릭 교회가 결코 소홀히 할 수 없는 위협 세력이었다는 사실도 보여준다.

하지만 시간이 지나면서 근대의 국가들이 체제를 정비해 중앙 집권적 정치체제가 자리잡게 되고, 시민계급을 통한 정치·사회적 안정을 갖게 되자 각 나라들은 새로운 문제에 직면하게 되었다. 바로 국민과 사회에 대한 복지 문제가 국가와 사회의 새로운 과제로 나타났던 것이다. 이 과제는 산업혁명과 자본주의를 통해서 더욱 구체화되었다. 자본주의 하의 근대 사회에서 물질적 부가 중요하게 되면서 빈부격차와 가난의 문제가 근대 사회의 국가적 과제로 떠올랐던 것이다.

이런 새로운 사회구조 속에서 국가와 사람들은 수도원과 수도자의 삶이 어떤 의미를 갖는지를 다시 깨닫게 되었다는 사실은 역설적이다. 그들은 수도자와 수도원이 사는 삶의 방식이 주는 의미, 또 그들의 활동인, 가난한 자들을 위한 교육, 구제, 간호 등의 가치를 새롭게 깨닫게 되었고, 그 필요성을 절감하게 되었다.

프랑스 대혁명 때 모든 수도원은 해체되었다고 공식적으로 공포했던 프랑스 정부는 1807년, 빈센트 폰 바울 수도회 소속의 박애 자매단이라는 여성 수도회의 활동 재개를 허락했다. 이들의 활동은 프랑스 황제가 직접 나서서 도왔고, 유럽의 여러 나라들은 이 박애 자매단이 오는 것을 환영했다. 이것은 유럽 전역에서 수도원 활동의 재개를 알리는 신호탄이 되었다.

이런 흐름은 1814년 교황 피우스 7세에 의한 예수회의 공식 부활 선언으로 나타났다. 예수회는 1773년 해체 선언 이후 공식적으로는 사라졌지만 사제들의 모임으로 그 뿌리는 계속 살아 있었고, 또 러시아에서는 지방회 형태로 공식 조직이 존속하고 있었기 때문에, 교황이 예수회 부활을 선언한 지 6년

만에 회원수가 2천 명에 이를 만큼 급속히 성장했다. 그러나 비록 재건은 되었지만 성격을 규정하는 일은 생각보다 어려웠다. 논쟁이 되는 부분은 예수회가 새 시대에 맞추어 새로운 모습으로 태어나는가, 아니면 옛 예수회 모습의 복원인가 하는 것이었다. 교황청은 총회를 주선했고, 1820년의 총회에서 옛 것과 새것을 조화시키는 강령을 채택했다. 조직은 옛것을 그대로 받되, 거기에 새로운 환경의 요구를 추가하자는 것이었다. 그래서 학교와 민중 선교, 해외 선교, 피정(避靜) 등의 전통적 활동을 그대로 유지하기로 하고, 새로운 과제로 교황과 가톨릭 교회를 위한 신학과 교회 정책의 개발을 결정했다.

예수회가 재조직되어 활동에 나서자 가톨릭 교회는 다른 수도회 조직을 복원하는 일에도 적극적으로 나섰다. 전통적인 수도원인 시토 수도회, 도미니크 수도회 등이 그 대상이었다. 교회의 복구 정책은 각 수도회를 각각 하나의 연합체로 통합해서 단일화된 새로운 조직체를 만드는 것이었다. 이것은 물론 종교개혁 이후 나라나 지역별로 나뉘어 그 사회에 맞는 독자적 프로그램에 익숙해 있던 수도원을 교황을 구심점으로 다시 모으려는 의도와 함께, 또 수도회별로 통일된 생활방식을 만들어 체계적 부활을 할 필요가 있었기 때문이었다.

교황청의 이런 노력은 성공하지 못했다. 각 수도회들은 우선 독자적 성격이 너무 강해져 있었고, 교황청이 중심이 되어 수도원을 교황청의 예속 기관으로 두려는 의도에 별로 찬성하지 않았던 것이다. 더구나 영주들의 권력이 강했던 독일 지역의 수도원들 중에는 만일 교황이나 다른 나라의 수도원이 주도적 역할을 할 경우 영주들에 의해 다시금 해체될 위험을 갖고 있어서 이 계획에 동참할 수 없는 경우도 있었다. 이런 이유들로 연합적이고 체계적으로 재조직되지는 못했지만, 각각의 수도원들에게 새로운 활력과 생명력이 불어넣어진 것만은 분명했다.

새롭게 조직되고 부활한 수도원들이 해야 할 일은 처음부터 자명했다. 소위 혁명의 시대를 통해서 사람들 가슴에 뿌리 깊이 자리잡은 증오심을 치료해내는 것이었다. 또한 전통적으로 수도자의 일이자 당시 사회에 새로운 과제로 등장하고 있던 민중의 학교 교육이나 구제 등도 소홀히 할 수 없는 과제였다. 그리스도의 사랑과 희생에서 출발한 이들의 활동은 각 나라에서 훌륭한 성공을 거두었고, 더구나 새로운 빈민계층을 만들어낸 산업혁명 이후에는 사회적으로 큰 반향을 일으켰다. 이들은 또한 전쟁 후에는 나라를 가리지 않고 찾아가 전쟁고아나 부상자들, 극빈자들에 대한 간호와 교육 등을 담당해서 수도자 활동의 새로운 지평을 열기도 했다.

이러한 수도원 복고 운동은 마침내 프랑스에 솔레스메 수도원이 세워짐으로써 새로운 전기를 맞게 된다. 프랑스의 젊은 신부 구에랑(Proster Louis Pascal Gueranger, 1805~1875)은 솔레스메 수도원을 설립해 교황의 승인을 얻었고, 전통적인 형태인 원장의 자율적 선출, 관상 기도에 전념하는 것을 이상으로 내세웠다. 시대적 요구가 아니라 전통적 의미의 수도자 이상을 가진 수도원이 새롭게 출현했던 것이다. 원장으로 선출된 구에랑은 첫 번째 과제로 예배의 복원을 시도했다. 축제적 분위기의 예배는 중세 클루니 수도원의 예배를 회상시켰다. 이것은 예배에 대한 갱신으로 이어졌고, 새로운 베네딕트 예배 모범도 만들어냈다.

솔레스메 수도원은 전통적 수도원의 복원을 가장 잘 보여주는 사례이지만, 그렇다고 근대 사회에서 만들어진 수도원에 대한 사회적 인식이 중세로 돌아간 것은 아니다. 현대 사회의 필요에 의해서 많은 복원과 복권이 되고 있는 것도 사실이지만, 이것은 일부이고, 사실은 근대 이후의 수도원에서는 오히려 겉으로 드러나지 않은 수도자적 삶의 모습을 사는 사람들이 많아지는 추세이다. 그리고 그 특징은 "교회적이며 무정부 상태로"라는 말로 요약된다. 교회적이라는 말은 제도권 교회로서의 정형적 형태를 말하는 것이 아니라, 민중에 대한 봉사와 그들을 향한 선교를 말하며, 무정부적이란 교권에 종속되지 않고 독립적으로, 개인의 신앙적 고백에 따라 수도자적 삶을 사는 것을 말한다. 그래서 현대 사회의 수도원은 제도권 교회나 교황권의 지도와 감독을 받는 '전통적 수도원'과 어떤 수도원 분파나 계율에도 묶이지 않고, 또 일상적인 삶을 살면서 개인의 신앙에 따라 수도자적인 삶을 사는 '내면적 수도자들(제3수도회라고 불린다)'이 공존하고 있는 시대라고 말할 수 있다.

개신교 수도원

현대 사회가 수도회의 필요성을 절감하고 있다는 사실을

개신교에서 보여준다는 사실은 그야말로 역설이다. 종교개혁 이후 개신교는 수도원에 대해 적대적이었으나, 재세례파의 한 뿌리인 헤른후트 공동체는 개신교의 수도원적 공동생활의 전형을 보여주었다. 이 흐름은 17세기에 경건주의를 통해서 계속 이어지게 되는데, 형제자매단이라는 이름으로 또는 개신교 조직 내의 디아코니(Diakonie, 구제사업)라는 조직으로 이어져 왔다. 이런 활동은 개신교 안에 남아 있는 수도원 활동의 흔적이라고 불러도 좋을 것이다. 이런 조직은 17세기 전후, 많은 나라에서 수도원들이 해체되고, 개신교가 수도원들이 해오던 역할을 넘겨받으면서 구체화되기도 했다. 특히 옥스퍼드 운동의 전통을 갖고 있는 영국에서 이런 움직임이 두드러진다. 스칸디나비아나 독일에서도 디아코니가 이런 운동을 주도했다.

제2차세계대전이 끝난 1945년 이후에 개신교 공동체의 활동은 많이 활발해졌다. 이런 모임들은 빈민 구제나 선교 등 전통적 의미의 수도회 활동보다는 신앙적 재각성을 강조하고 있는 것이 특징이다. 이들은 옛날 수도회들의 신앙적 가치를 재발견해서, 축제적 예배, 공동 기도회, 이웃 사랑의 적극적 실천 등을 보여주고 있다. 이런 활동들은 세속화 시기에 가톨릭 수도원들이 보여준 모습들과 정확하게 일치하는데, 이것은 또한 현대 수도 공동체의 일반적 특징이기도 하다. '서로 닮아 있음'과 '활동의 유사함'은 에큐메니칼(ecumenical) 운동이 활발해지면서, 기독교의 분열과 상처를 치유하기 위한 좋은 방편이라는 점에서 더욱 각광을 받고 있다.

이런 움직임은 전통적으로 수도원 활동이 가장 활발했던 프랑스에 수도원적 개신교 모임인 떼제 공동체(La Communauté de Taizé)가 세워지면서 새로운 전기를 마련했다. 이 공동체의 설립자는 스위스 사람인 로제 슈츠(Roger Schutz, 1915~)로 칼빈주의 신학자이다. 그는 1940년 클루니 수도원에서 멀지 않은 곳인 떼제에 정착했는데, 1944년 공동체를 세웠고, 1949년부터는 전통적 수도자의 선서인 재산의 공유, 독신주의, 절대적인 순종을 내세우면서 원장에 취임했다. 슈츠의 원래 목적은 칼빈주의 신학 입장에서 청소년을 신앙으로 양육하는 것이었다. 그의 생각은 하나의 교회를 지향하는 에큐메니칼적 청소년 운동으로 바뀌었고, 오늘날에는 세계 에큐메니칼 운동의 상징이 되었다. 특히 1974년에 그가 조직한 청소년회의는 이 떼제 공동체가 세계 청소년들이 교파의 차이를 넘어 단순 소박한 삶, 관상의 삶을 살도록 하며, 기독교 교회들이 대화를 하도록 하기 위한 새로운 운동의 시작을 알리는 신호로 받아들여지고 있다. 이들은 1969년부터 가톨릭 교인들에게도 문호를 개방했고, 회원들은 사회적으로 문제가 터져 나오는 곳이면 세계 어느 곳이든 가서 그리스도인들의 속죄, 다툼의 해결, 공동체로 살아가기 등을 실천하고 있다.

또 하나 소개해야 할 단체는 라브리(L'Abri) 공동체이다. 미국인 목사였던 프란시스 쉐퍼는 유럽 방문을 통해서 제2차세계대전 후의 유럽이 신앙적으로 와해된 것을 발견하고, 이러한 신앙적 혼돈에 대해 하나님은 살아 있고, 인간의 삶 자체를 구원할 수 있으며, 또 실제로 그렇다는 구원의 복음을 전하려는 목적으로, 1948년 가족과 함께 스위스로 이주했다. 그들은 1955년 스위스에 라브리 공동체를 세웠고, 아무런 외부의 도움 없이 오직 기도를 통해서만 그리고 살아 계신 하나님의 인도를 받아서 살아간다는 사실을 보여주는 공동체적 삶을 시작했다. 그들은 아무런 조건 없이 집을 개방했으며, 찾아오는 사람들과 함께 식사하고 함께 예배를 드리면서 그들의 삶을 실천해 나갔다. 이 모임의 원칙에 이런 구절이 있다.

> 우리는 우리가 계획을 세우지 않고, 하나님께서 이 일에 대한 당신의 계획을 우리에게 알려주시도록, 다양한 방법으로 우리를 직접 인도해 달라고 기도하겠다고 했습니다.

라브리 공동체의 목적은 간단히 말해서 하나님은 살아 계시며, 현재 우리들의 삶에 실제로 활동하고 계시다는 사실을 증거하는 것으로 요약할 수 있다. 이 공동체는 인간의 불행과 고통이 생명과 삶의 근원인 하나님을 떠나서 인간 자신의 힘으로 살려고 노력하고 있기 때문에 나타난 결과라는 사실을 강조하고 있다. 그들은 사람들이 육체적인 가치관을 떠나 영적인 눈을 뜨고, 신성의 실체에 들어감으로써 인간이 가진 근본적 불안과 고통의 문제를 해결할 수 있다고 말한다. 이들의 삶은 유럽과 전 세계에 커다란 공명을 일으켰고, 현재는 한국을 포함한 세계 10개국이 넘는 곳에 지부가 있을 만큼 성공을 거두고 있다.

에필로그

　형제자매단, 떼제 공동체, 라브리 공동체 등 개신교에서 생겨난 공동체들은 전통적 수도원 이상의 개신교적 또는 현대적 변용이라 할 만하다. 또한 가톨릭에서 수도회와 수도사적 삶이 부활한다는 사실은 수도사적 삶의 가치가 인간의 삶에서 반드시 필요하다는 사실을 웅변으로 증거해 준다. 이것은 수도원과 수도자의 삶 또는 공동체적 삶의 모습이, 인간이 본성상 갖고 있는 하나님을 향한 회구가 제도화·형상화된 모습이라는 사실도 잘 보여준다. 수도자나 수도원이 비록 역사적으로 왜곡과 실수, 실패를 갖고 있는 것이 어느 정도 사실이라 할지라도, 그리스도인들의 신성을 향한 노력, 신성에 참여하고 싶은 욕구는 계속될 것이고, 굳이 수도원이 아니라 하더라도 이런 삶의 모습은 간단(間斷)없이 지속될 것이다. 눈에 보이는 육체와 물질의 세계를 넘어 거룩함의 신성에 참여하고, 그 속에서 진정한 쉼을 얻고자 하는 신성한 욕망은 우리들 모두의 본능 속에 깊숙이 자리잡고 있기 때문이다.

참고문헌

방성규,『모래와 함께 살던 사람들의 이야기』, 도서출판 이레서
    원, 2002.

베네딕트, 이형우 譯註,『베네딕도 수도규칙』, 분도출판사, 1991.

성 이냐시오, 윤양석 옮김,『영신수련』, 한국천주교중앙협의회,
    1995.

아타나시우스, 안미란 옮김,『안토니의 생애』, 은성, 1993.

앙드레 루프, 이미림 옮김,『사랑의 학교 : 시토회가 걷는 길』, 분
    도출판사, 1987.

엄두섭,『순결의 길, 초월의 길』, 은성, 1993.

에스터 드 왈,『단순함의 길 : 시토회 수도자들의 전통』, 참사람
    되어, 2001.

이디스 쉐퍼, 양혜원 옮김,『라브리 이야기』, 홍성사, 2001.

칼 수소 프랑크, 최형걸 옮김, 『기독교 수도원의 역사』, 은성,
    1997.

프란시스 쉐퍼, 권혁봉 옮김,『그러면 우리는 어떻게 살 것인가?』,
    생명의 말씀사, 1995.

프란시스 쉐퍼, 권혁봉 옮김,『진정한 영적 생활』(역), 생명의 말
    씀사, 1974.

프란치스꼬회 한국관구,『성 프란치스꼬와 성녀 클라라의 글』,
    분도출판사, 1996.

수도원의 역사

초판발행 2004년 2월 25일 | 2쇄발행 2005년 8월 10일
지은이 최형걸
펴낸이 심만수 | 펴낸곳 (주)살림출판사
주소 110-847 서울시 종로구 평창동 358-1
출판등록 1989년 11월 1일 제9-210호
전화번호 영업·(02)379-4925~6 기획·(02)396-4291~3
          편집·(02)394-3451~2
팩스 (02)379-4724
e-mail salleem@chollian.net
홈페이지 http://www.sallimbooks.com

ⓒ (주)살림출판사, 2004   ISBN 89-522-0198-1 04080
                         ISBN 89-522-0096-9 04080 (세트)

값 3,300원